蒙古秘史

〔蒙古〕策·达木丁苏隆 编译

谢再善 译

青海人民出版社

图书在版编目(CIP)数据

蒙古秘史/策·达木丁苏隆编译；谢再善译. ——西宁：青海人民出版社，2013.9(2024.4重印)
ISBN 978-7-225-04605-1

Ⅰ.①蒙… Ⅱ.①策… ②谢… Ⅲ.①蒙古族—民族历史—中国Ⅳ.①K281.2

中国版本图书馆 CIP 数据核字(2013)第 228849 号

蒙古秘史

〔蒙古〕策·达木丁苏隆　编译

谢再善　译

出 版 人	樊原成
出版发行	青海人民出版社有限责任公司
	西宁市五四西路71号　邮政编码：810023　电话：(0971)6143426(总编室)
发行热线	(0971)6143516/6137730
网　　址	http://www.qhrmcbs.com
印　　刷	青海西宁西盛印务有限责任公司
经　　销	新华书店
开　　本	787mm×1092mm　1/32
印　　张	9.625
字　　数	200千
版　　次	2014年1月第1版　2024年4月第4次印刷
书　　号	ISBN 978-7-225-04605-1
定　　价	38.00元

版权所有　侵权必究

目录

永恒的怀念——序新版《蒙古秘史》 樊保良 ... 一

译者前记 谢再善 ... 七

导言 策·达木丁苏隆 ... 十二

第一章 帖木真的先世及其幼年时代 ... 一

第二章 成吉思的壮年 ... 二二

第三章 篾儿乞惕部的消灭和帖木真的被尊称为成吉思合罕 ... 四一

第四章 和札木合及泰亦赤兀惕部的斗争 ... 六五

第五章 塔塔儿部的消灭及与王罕的破裂 ... 八一

第六章 客列亦惕部部众的消灭 ... 一一七

目录

第七章　王罕的灭亡　　　　　　　　　　　　　　　　一三七

第八章　古出鲁克罕的逃亡及札木合的被歼　　　　　　一五九

第九章　护卫军的建立　　　　　　　　　　　　　　　一八五

第十章　征服畏兀儿及林木中百姓　　　　　　　　　　二〇一

第十一章　出征金国、西夏、突厥、巴黑塔惕
　　　　　和斡鲁速惕　　　　　　　　　　　　　　　二一七

第十二章　成吉思合罕之死及斡歌歹的即罕位　　　　　二三七

附　录　《元朝秘史》及其复原（节选）亦邻真　　　　二五五

永恒的怀念——序新版《蒙古秘史》

光阴如流水，从最初听谢再善先生讲授蒙古史课到现在，已有五十五个年头，当初作为谢先生的一名学生的我，今也垂垂老矣。因承教诲的专业关系，每当我或读或写有关蒙古史方面的东西时，先生的音容宛在，思念之情油然而生。谢先生的汉译本《蒙古秘史》，在我个人所有书籍中，是翻阅遍数最多的一本，我也曾对人自夸说，书中不少章节的重要内容，我能背诵出来。

欣闻青海人民出版社拟再版谢先生的这本《蒙古秘史》，我心情激动，于是不揣鄙陋，毛遂自荐，愿写一篇文字，以表对先生的深深怀念，同时也将这本书向读者做一点简单介绍。

一

吾师谢再善（1912~1977年），汉族，山东省蓬莱县人。早年从事文化工作，曾任榆林边疆通讯社、西北通讯社、自由晚报社的记者、总编辑。1945年受聘于西安西北大学边政学系任副教授。解放后，继任教授，兼任边政学系主任。1952年院系调整时来兰州，任西北民族学院少数民族语言文学系教授。其主要译著，据《中国蒙古学学者》一书录入有：

《伊盟的地理与物产》，《西北论衡》第9卷第8期，1941年8月。

《观古堂刻本〈蒙古秘史〉》（译作），开明书店，北京，1951年。

《蒙古革命简史》（译作），[蒙古]乔巴山著，五十年代出版社，北京，1951年。

《蒙古文学发展史》（译作），[蒙古]巴·索特那木著，上海文化生活出版社，上海，1954年。

《蒙古秘史》（译作），[蒙古]策·达木丁苏隆编译，中华书局，北京，1956年。

在此我要特别提到几桩令人难忘的往事。

"反右"时，正在给我们讲授蒙古史课的谢先生，突然被送到甘肃河西走廊的夹边沟劳改农场去了。在那里他忍受着常人难以想象的折磨，可谓是天天与死神打交道，多少人都是有去无回。据说农场里三千多名劳改犯，到后来只剩下了六七百人。在上级"抢救人命"措施落实时，谢先生终于"九死一生"地活着回来了。晚上我们去他家里看他时，他连路都走不动了，他说再迟一个星期时间，他恐怕也就回不来了。

1961年，谢先生被安排到甘肃省民族研究所工作，我同先生正好在一个办公室里，我看到沉重的"大帽子"压得先生言行极度谨慎，逢人只是点头打招呼，很少有言笑。一坐下来只埋头看书写东西，经常一个上午都不离开椅子。我被他那用功及一丝不苟的精神深深感动。可惜在那个年月，谢先生无条件招收研究生，我也无缘正式投其门下拜师求教。我向他请教蒙古史诸问题，也只是私下悄悄地问，或晚上一个人去他家里提问题。我真敬佩他对蒙古史懂得那么细那么精，不管大问题小问题，他都给我讲得明明白白。

先生不光在学问上关心我、教诲我，在品德上也同样关心我、启发我。记得有几次天晴的上午工间操时间，我请先生一块到院子里观赏沙枣花。他意味深长地对我说，沙枣花开满院香，花朵却很小，有的还躲在树叶间。后来我将我们谈论的心得，写了一篇《沙枣花赞》，投给报社，久等不出来，结果发现以另外一作者的名字发表了，细看内容，全是我的文章内容，只是稍有改头换面而已。当时我年轻气盛，情绪激动，可先生劝我，不必如此，忍让了事，自己勤奋用功，将来更有好文章。此外，先生还给我讲了个"大树将军"的故事，大意是，从前有位将军用兵如神，常打胜仗，每当凯旋，朝廷举行论功行赏时，众将领争先恐后向前挤，他却一个人安然独坐在一棵大树下。久而久之，大家给他起了个绰号"大树将军"。先生"不争名于朝，不争利于市"的用意，我完全领会。我也表示一定要谦虚谨慎，勤奋学习，尽量将自己的人生道路走得端庄，以报师恩。

"文革"期间，谢先生全家被下放到农村去了。不久，民族研究所被解散，我也被下放到工厂去了。从此我与先生再未见面，未能当面聆听教诲，抱憾不已。

可幸的一点，先生1977年驾鹤仙逝时，总算是亲眼看到天开云散，祸国殃民的"四人帮"被揪了出来。相信先生在天之灵，定能得到一点安慰的。

二

《蒙古秘史》，亦称《元朝秘史》，成书于1240年（蒙古汗国窝阔台汗十二年、宋理宗嘉熙四年），著者不详。全书共分十二卷，正集十卷，续集二卷。《蒙古秘史》在元朝称为"脱卜赤颜"，作为蒙古皇室的秘籍，藏于国史院，不外传，所以名"秘史"。元亡后，明洪武十五年（1382年）由火原洁、马沙懿黑二人译成附有汉文总译的汉字标音本，分为十二卷，共282节。后于明永乐年间收入《永乐大典》中，清钱大昕从《永乐大典》中抄出这个汉、蒙文对照本，使百余年来，若存若失的珍贵史料复为人们所注意。后经李文田、文廷式、沈曾植诸家致力校注补证，形成了清代蒙古史研究热潮。研究成果中，尤以李文田《〈元朝秘史〉注》十五卷最为卓著。另有顾广圻在庐州府张太守处，获得元人旧抄本十二卷，较之十五卷本为佳，后经盛昱、文廷式、李文田、沈曾植辗转抄写，传于日本国。至光绪三十三年（1897年），叶德辉所注《蒙古秘史》十二卷本，成为后来中外译注《蒙古秘史》的蓝本。民国十八年（1929年），商务印书馆出版的陈彬和著《〈元朝秘史〉选注》，曾为"学生国学丛书"本。解放后，北京开明书店、中华书局先后出版了谢再善先生的汉译本。

《蒙古秘史》从成吉思汗远祖勃儿贴赤那、豁埃马兰勒追述起，写到窝阔台汗十二年止。它以文学的语言、编年的体例，真实记载了12世纪至13世纪蒙古游牧社会的政治、经济，以及军事活动的历史。从蒙古社会氏族制记至部落联盟的形成，从部落联盟记至奴隶占有制的产生和发展，以至蒙古汗国建立和第二任大汗窝阔台时代。

《蒙古秘史》不仅是一部不朽的历史巨著，而且也是一部优秀的文学作品。它根据古代蒙古人世代相传的口头故事，生动地记述了12世纪以前发生在蒙古草原，包括关于成吉思汗先世的动人传说在内的种种事件，采择民间口头传说，将蒙古族的古代历史勾绘成脉络分明的整体，又按编年体裁将纷繁的历史事件归纳成条分缕析的结构，与同类古史名著的编纂水平相比，毫无逊色，是中外蒙古学学者研究蒙古早期社会历史和蒙古古代语言文字最珍贵的文献资料。例如书中对成吉思汗第十世祖母阿兰豁阿教育五个儿子的事迹,成吉思汗父亲也速该与世仇塔塔尔部进行英勇斗争,以及成吉思汗少年时的苦难经历等,都记述得较详细,生动感人。

近百年间,《蒙古秘史》一书,先后被翻译成俄文、日文、法文、德文、英文等各种文字的版本,广泛流传于世,形成著名的"秘史学"。

谢译《蒙古秘史》一书,关键在于他以蒙、汉文对照还原成蒙古文,然后再译成汉文。任务艰巨,成就卓越。这一独特的做法,先生在译者前记中有详细说明,恕不赘述。

总之,先生的名字和此名著永远地联结在一起,流传于世,永不泯灭。我这里就借用"古人日以远,青史字不泯"这句话敬祝先生青史留名。

樊保良

壬辰年葭月于兰州大学松斋楼家中书房

译者前记

以前，我曾试将汉文音译本《元朝秘史》还原成蒙古文，又由蒙古文译成汉文。这一还原工作，使我发现了《蒙古秘史》不但是蒙古族的历史巨著，也是蒙古族的古典文学作品。但是当时认识还不够明确。

1951年我又把这本《蒙古秘史》翻译出来。这本《蒙古秘史》是蒙古人民共和国策·达木丁苏隆编译的，1947年蒙古人民共和国科学委员会出版（我根据的是1948年内蒙古日报社翻印版）。在这里看到我们的邻邦蒙古人民共和国的史学家和文学家是在怎样处理和研究他们自己的历史作品和古典文学作品的，给予我极大鼓舞。

对于蒙古族的历史和文学，解放以前是很少有人去注意的。在清朝政府、北洋军阀和国民党统治时代，蒙古族的历史和文学作品备受摧残。被中国人民有幸保存了的蒙古历史和文学巨著——《蒙古秘史》，七百多年以来，虽有少数专家研究，但重视的人不多。这只有解放了的蒙古族人民才能够自由地研究自己民族的历史和文学；而较中国解放为早的蒙古人民共和国的学者在这方面已经有了新的成就。

此书的编译者策·达木丁苏隆是蒙古人民共和国科学委员会的研究员，是有名的蒙古史学家、诗人、文学家。这本书虽然是他编译的，但也称得起是他的精心杰作，是值得介绍的。《蒙古秘史》是一部蒙古族古典史诗，经达木丁苏隆这一次的编译，不但是通俗易晓，而且愈加显示出这部古典史诗的伟大精神。

此书初译稿成，承各方友好帮助很多，提供了许多宝贵意见，使得译文更完整些。在这里我首先表示谢意！

此书的评价和意义在原序文和编译者的导言中已有详细说明，我在这里不再重复。主要的，此书是蒙古古典史诗巨著。作者不一定是民间艺人，但正如编译者在导言中所说："那还是在远古的时代，蒙古人中间就已有了用精炼的谚语编写历史事件的聪明颖慧的人物。"此书前十章就是这样创作出来的。第十一章、十二章，特别是第十二章后半关于斡歌歹的事迹，却是录自当时蒙古王朝的诏令了。为什么这样？在这里作一简单说明：

"秘史"（Нууц товчаан），即《元史》所称的"脱卜赤颜"（Товчаан）。"脱卜赤颜"在《元史》上屡有记载，如："奎章阁以纂修'经世大典'，请从翰林国史院取'脱卜赤颜'一书，以纪太祖以来事迹。诏以命翰林学士承旨押不花、塔失海牙。押不花言："'脱卜赤颜'事关秘禁，非可令外人传写，臣等不敢奉诏。'从之。"①

"翰林院臣言于帝曰：'"实录"，法不得传于外，则事迹亦不当示人。'又请以国书'脱卜赤颜'增修太祖以来事迹。承旨塔失海牙曰：'"脱卜赤颜"非可令外传者。'遂皆已。"②

"初，文宗在上都，将立其子阿剌忒纳答剌为皇太子，乃以妥欢帖穆尔太子乳母夫言：'明宗在日，素谓太子非其子，黜之江南驿。召翰林学士承旨阿邻帖木儿、奎章阁大学士忽都鲁笃弥实书其事于"脱卜赤颜"'。"③

"撒迪请备录皇上登极以来固让，大凡往复奏答，其余训敕辞命，及燕铁木儿等宣力效忠之迹。命朵来续为'蒙古脱不（卜）赤颜'一书，置之奎章阁。"④

"文宗命（察罕）译'脱卜赤颜'，名曰'圣武开天纪'，付诸史馆。"⑤

由上述看来，"脱卜赤颜"在元朝蒙古王朝时代的写作和作用已很明白。

"脱卜赤颜"既然到元时蒙古王朝成为蒙古皇室的秘籍，所以它所要记载的是"训敕辞命"，"宣力效忠之迹"和太子不肖，"黜之江南驿"的事迹。这些都是蒙古王朝统治者作

---

① 《元史本纪》三十五，《文宗纪》四。
② 《元史》卷一八一，《虞集传》。
③ 同上。
④ 《元史本纪》三十六，《文宗纪》五。
⑤ 《元史》卷一三七，《察罕传》。

为"垂戒作鉴"的，记述的人也是服务于当时统治阶级的文士。可是在这以前，特别是成吉思建国以前，蒙古还没有文字的使用，古代的蒙古族人民生活斗争事迹，是流传在民间的，表现为口传故事、诗歌和谚语，一代一代地传下来，那是活在人民口头上的历史记述和文艺作品。及到有了文字，这文字首先是被蒙古皇族所掌握①，就首先用之于记述皇族事迹，这并不足异。由《秘史》最后一章看来，也不难了解它到斡歌歹时代的记载已失掉了民间文学的精神，这一部蒙古古典史诗已经被蒙古皇室利用作他们的"史鉴"之类了。斡歌歹自述他于成吉思死后增做了四件事，做错了四件事。这不是很明白地说出来也是"训敕辞命"吗？民间口传故事、诗歌、谚语反映了古代蒙古族人民的生活斗争，以及古代蒙古族的发展，这是有意义的，是积极的一面；但是当它成为蒙古皇族的"实录"一类的东西之后，便没有生气了。所以最后一章有关斡歌歹的记载，便不如前十一章生动。这也好像中国的《诗经》，"颂"不如"风"的。虽然如此，但是作为蒙古族的古代史籍来看，还是具有很大意义，这是不容否认的。历来都把这本书作为历史著作，就是这种原因。

书中的诗句翻译是很困难的，蒙古诗都是押头韵，每一句的第一个字的头一个字母是与前句的相同，这在翻译时不可能照顾到这个格式。每一句又多是三言，甚至有二言的。这样，译出来的句子也不宜过长，最好是短句，但译者笔拙，也未能做到。这里，主要的还在求其达意。

---

① 参看本书第196节。

书中的人名、地名，除少数例外，凡是旧译《元朝秘史》上有的，都一仍其旧。因为那些译名用得很久，不应再改译。但是旧译名，歧异甚多，颇不一致。现在为求得译名统一，只得选用一个。原书的人名、地名有的附有蒙古新文字，有的没有。但这些人名、地名原是从汉文音译本《秘史》转译过去，现在仍用汉文音译本的汉文译名，对音还是较正确的，所以原书的人名、地名附有蒙古新文字的，一概删掉。又，成吉思合罕的译名，也是根据汉文音译本，所以不用成吉思汗译名。

关于部、族之分：部是 Аймаг，族是 Овот。但有的明知为族，如泰亦赤兀惕部和蒙古部同出一源，应当是一个族，可是因为他强大起来，他们的族，实际包括了其他族的单位，所以也称之为部。

《秘史》历来注释者颇多，成为专家的事情。此书的原编译者在书中也有些注释，现在译者也就己之所知加了一些简单的注释，很不全面，附在每面之末，聊以作为读者的参考。

书文共有 282 节，这是西方研究《秘史》者的惯例，便于引证，名为"学术分节"。此书原编译者曾参考俄译本，所以也标出来。原来的汉文音译本是有这么多的节，只是没有号数。

最后，全书的译文不妥当和错误的地方，还是不可免的，我诚恳地希望得到同志们的指教！

谢再善

1955 年 8 月 15 日于兰州

导 言①

人类的文化与书籍、创作有密切的关系。无论哪一个民族的经济和文化的发展都像生物的生长一样,由幼小而壮大,以至开出艺术之花。每一个民族都有这样初期的艺术之花——值得纪念的作品。

在俄国10世纪写作的《亦歌儿出征谭》是有名的创作。格鲁吉亚12世纪的萧塔·路斯特维利的著作《虎皮的勇士》是有名的诗篇。法国的《罗兰之歌》是描写查理大帝战争的史诗。希腊的《伊利亚特》《奥德赛》是五六千年前的优秀史诗。

我们蒙古民族的早期历史纪念作品,就是《蒙古秘史》一书。

① 此文为蒙古国科学委员会研究员策·达木丁苏隆在《蒙古秘史》成书七百年之际,将复原的古蒙古文《秘史》编译为现代蒙古文《秘史》而作。——出版者

《秘史》是可以与各民族古代艺术有名的纪念作品并驾齐驱的。

那还是在远古的时代，蒙古人中间就已有了用精炼的谚语编写历史事件的聪明颖慧的人物。

《秘史》无作者人名，只在书末写着："大聚会，鼠儿年七月，写毕于客鲁涟河①的阔迭额阿剌勒地面的朵罗安孛勒答合和失勒斤扯克之间的行宫。"

这是公元1240年的蒙古七月，到1940年已经700年了。

《秘史》的分卷不一，有的为15卷，有的为12卷，清光绪时，即1908年，中国叶德辉刻本之《元朝秘史》原文本为12卷②。这是正式的分卷，首集10卷，续集2卷。此续集2卷是记载斡歌歹时代的事迹，其他10卷正编是记载蒙古民族起源，以迄成吉思合罕的逝世为止③。分章如下：

一、帖木真的先世及其幼年时代；

二、成吉思的壮年；

三、篾儿乞惕部的消灭和帖木真的被尊称为成吉思合罕；

四、和札木合及泰亦赤兀惕部的斗争；

五、塔塔儿部的消灭及与王罕的破裂；

六、客列亦惕部部众的消灭；

七、王罕的灭亡；

---

① 客鲁涟河，即今蒙古人民共和国的克鲁伦河。

② 即汉文音译本。

③ 应该说续集第二卷是记载斡歌歹事迹的，而成吉思合罕逝世也是记载在续集二卷上的。

八、古出鲁克罕的逃亡及札木合的被歼；

九、护卫军的建立；

十、征服畏兀儿及林木中百姓；

十一、出征金国、西夏、突厥、巴黑塔惕和斡鲁速惕；

十二、成吉思合罕之死及斡歌歹的即罕位。

从这样的分章看起来，好像是成吉思合罕时代的历史，但实际上不是那样。那是根据人民的口传故事，以及那时的民歌、格言、诗篇而来的。在每一章上都有二三十首诗，每一个人的讲话及对话大致都是诗句。这书显示出古代蒙文的语音、语法、修辞、诗歌和小说的典范。

《秘史》是13世纪蒙古国兴起时真实记载蒙古国事的唯一无二的历史巨著。此书对于蒙古国内的大事是尽量地记载了，可是对于蒙古军征伐外国的记载并不多。但关于蒙古军西征，那时伊儿汗国大臣和学者拉施特哀丁所著的《蒙古史》可给予补充。拉施特哀丁的《蒙古史》是在14世纪和蒙古丞相及其他几个蒙古人共同利用蒙古伊儿汗国的金匮石室所藏的许多蒙文书籍写出来的。至于和蒙、汉有关的历史事件，在《秘史》里虽然简略，但是由于中国史学家的丰富记述，可以补其不足。元朝亡后，中国明朝所修的蒙古史，所谓《元史》是一部大著，此外还有其他多种汉文的蒙古史书。

《秘史》是蒙古人在蒙古地方写的，所以比外国史学家的著作更加详晰，比它们更突出、更重要。《秘史》一书，苏联学者伍拉基米尔索夫在《蒙古社会制度史》第六页上写道：

"如果可以说在中世纪没有一个民族像蒙古那样吸引史

学家们的注意,那末也应该记着任何一个游牧民族没有保留下像《秘史》一书那样具体表现了真正生活的纪念作品。"

这书除为蒙古史唯一无二的巨著之外,并且也是显示蒙古人民聪明才能的辉煌的文艺作品。把《秘史》看成为13世纪仅有的一本名著是不可以的。举例说:泥沼里不能生长乔松,乔松必须于森林中和许多高大的松树排比而生。像那些高大的松树似的,《秘史》就是这样的著作,那是古代许多的优秀作品之一。如果问那么其他许多作品哪里去了?散失了,被历史的浪潮冲跑了。可以这样答复的。由于我们游牧的蒙古人没有收藏东西的房子和器具,又经过多次的战争,所以书籍容易散失。虽然蒙古人民有史时期所完成的文学成就很多是散失了,但是古代的《秘史》《格斯尔》《正嘎尔》这三部著作是留给我们的文化遗产。

《秘史》与《正嘎尔》《格斯尔》三书可以称作蒙古人民古代著作的三个高峰,在这里完全表现出古代蒙古人民的生活与思想。

在西蒙古创作出来的《正嘎尔》,这本十章的故事中明显地表现出人民希望幸福生活的思想;《格斯尔》表现出反抗压迫阶级的王公、喇嘛的人民思想。

在《秘史》上,明显地表现出:反对不断进行内战的氏族的和封建割据的小部落,企图建立统一的国家的愿望。由氏族社会进入封建社会和由原始封建制度进入到统一的国家,从历史发展的规律来说,是前进了一步。

在《秘史》上,除对于成吉思合罕建立统一的国家及统一蒙古民族的事业盛加赞扬外,对于成吉思合罕的残暴方面也不隐瞒,而是把那时的一切情况明白地写出来呈现于我们的眼前。

那时蒙古没有统一的国家,许多小贵族酋长领导各个部落、牧地时常互相争战,互相杀戮,互相抢掠,成为风气。

《秘史》中写着当时的蒙古情况,说:

"星天旋转,

诸国争战,

连上床铺睡觉的工夫也没有,

互相抢夺、掳掠。

世界翻转,

诸国攻伐,

连进被窝睡觉的工夫也没有,

互相争夺、杀伐。"

——《秘史》254 节

把这样互相不和、有如群牛牴角纷争的蒙古诸部统一起来,成为一个国家,在《秘史》里是赞扬的。其次,再说以成吉思合罕为首的蒙古贵族侵略外国,灭亡邻近文明诸国的残暴事实。

成吉思合罕与其部下的残暴强横,《秘史》上这样写着:

"钢硬的头,

锥利的舌,

钢铁的心,

钉凿的齿,

疯狂的四狗,

要屠杀万众,

挣脱了铁索,

流着馋涎,

径来捕食。

以露为饮,

以涎为食,

以风为骑,

以剑为友,

者别、忽必来为首,

者勒篾、速别额台为尾。

帖木真安答养育的四狗,

欢天喜地奔来了。"

——《秘史》195节

《秘史》一书把那时蒙古的善恶两方面既未过分赞扬,也未过分隐瞒,只是以艺术笔法照实写出这可贵的作品。在新蒙古革命文化建设上,如果不掌握蒙古人民几百年以来的文化遗产是不行的。吸取人民文化遗产好的方面,是当前我们的重要任务之一。现在为了深入地研究蒙古人民以前所完成的功绩,发展蒙古的人民文学,应当注意利用优秀的作品。无论如何,首先要重视蒙古人民的历史古典著作——《秘史》。

此书以蒙古文写的原文本到现在尚未获得。只是从中国得来了汉文音译本。此书原来是用汉文写出的还是用畏兀儿蒙文写的,现在还不明白。因为有一种说法,13世纪时蒙古人曾用过汉文,所以此书可能是直接用汉文注音写出的,或者最初是用畏兀儿蒙文写的,后来又用汉文音译写出,但是却把蒙古文原文本遗失了。无论如何,因为没有可靠根据的蒙古文原文本,所以应当以汉文音译本为标准。

与《秘史》有关的两本书,已经用蒙古文印出来了。一本是《成吉思合罕传》,另一本是《黄金史》。《成吉思合罕传》是科学委员会于1925年根据北京的蒙古文版印行的。《黄金史》是1937年,在乌兰巴托市出版,共两册。《成吉思合罕传》里面有引自《秘史》的一些材料,《黄金史》大概是抄录《秘史》,只是在中间与末尾稍有简略。此《黄金史》是前图书馆长札木杨君从哈固丞桑贝子旗的云什雅布台吉处得来的。

《秘史》共有282节,《黄金史》取其233节。但是这部已出版的《黄金史》文字的窜改和抄录的错误颇多。又《黄史》《黄金史》《宝贝数珠》这些珍贵的蒙古史有些地方都似乎是出于《秘史》的。不过关于这些书在这里就不谈了。如果根据这个情况考查的时候,可以说在古代蒙古的史学家、文学家手里可能有以畏兀儿蒙文写的《秘史》原文本。

1945年,在内蒙古获得了《大元太祖成吉思合罕征伐各国史纪年纲要》一书。其中所记蒙古史有13种:

一、 由西藏译出之《权能史》;

二、《能者之史》;

三、《青年宴会》；

四、《青史》；

五、《成吉思合罕史》；

六、《元朝正史》；

七、《古代简史》；

八、《黄金后代史纲》；

九、《大元正史》；

十、《萨囊彻辰之心喜》；

十一、《黄金族简史》；

十二、《成吉思合罕逸史》；

十三、《纲目》。

这里所提的《青史》《成吉思合罕史》《古代简史》《黄金后代史纲》《黄金族简史》《成吉思合罕逸史》等，都是和《秘史》有关的。

《秘史》汉文音译本被欧洲学者所知已近百年。

俄国学者卡法罗夫在北京时，精通汉文，读了很多的中国史书。由于一个学者朋友的关系，得睹清宫内阁大库所藏的《蒙古秘史》，乃由汉译本译成俄文，1866年发表之后，开辟了各国学者研究此书的道路。接着他正想以俄文对音蒙古文，蒙古文之下注以俄译，和在中国研究所得同时发表，却不幸航海旅行而死。

他的原稿是藏在苏联科学院所属的东方研究所的图书馆里。后来加以影印送给我们科学委员会一部，这对于我们翻译此书的工作有极大的帮助。

这位卡法罗夫他自己是个汉学家，而不是个蒙古学家，所以把他自己首创的译作及汉文音译本送给他的青年朋友——蒙古学家波慈特念也夫。波慈特念也夫的评论于1883年出一单行本小册子，接着又于1897年出版了以《蒙古文学史》为名的一书，同时也附上了石印的《秘史》前96节俄文对音蒙古文的一部分。

在此书的研究上又有另一特殊成就者，为苏联学者郭增。他继续研究此书15年，1941年出版了《秘史》原文本和俄文译本研究一册，以及注释和汉文译本两册，共三册。

我们把《秘史》头三章译出之后，才获得郭增出版的《秘史》原文翻译一册，即用作原稿翻译的根据。法国的汉学家伯希和自1913年起，即研究此书，并陆续发表了许多文章，准备将与其他有关书籍研究所得和翻译、研究的原稿同时发表。

德国的汉学家海涅士从事此书研究，于1931年发表了几篇文章，并依据中国叶德辉1908年出版的汉文音译本，以拉丁字对音成书，并与本书的用字字典同时印行了。

根据卡法罗夫从中国历史上的考证，在中国很早以前，元朝亡后，明洪武年间便获得了我们所珍贵的史籍。1382年火原洁、马沙亦黑二人便把《秘史》汉译出来。关于《秘史》，世界学者，尤其是苏联学者多作努力研究、翻译、印行，但是适合蒙古人民大众的阅读本，至今还没有出版。不但这样，而且也没有能拿得出的蒙古文本，仅有一诚图公译的原稿，现在藏于科学委员会。

在自治时期，巴尔虎旗诚图公根据中国叶德辉刻本的汉文音译本，以蒙古文还原，并又以蒙古文译出。诚图公不是科学家，所以他的还原与翻译两者仅可作为读者的参考。虽然这样，因为现在还没有其他蒙古文本，所以曾决定审查出版，可是此书的还原本在苏联科学院，而其译本虽在我们手里，但是不详细，很简略，《秘史》上有几百首诗，可是在这译本上一首也没有，把原诗或变为长文，或删去大部分。因为我们手里现在有了学者们如卡法罗夫、海涅士、郭增等的研究与注释，单把诚图公的一半，而且是不详细的译本印出，于心不安，所以我们决定做了蒙古文还原和翻译的工作。

把《秘史》的古代蒙古文用现代的蒙古文译出，用书如下：

一、郭增出版的《秘史》原文本及俄文译本（1941年）；

二、拉卜桑旦津著的《黄金史》；

三、卡法罗夫的《秘史》俄文对音本及其所藏俄译本（影印）；

四、卡法罗夫由汉译本译成之俄文本；

五、海涅士1935~1939年出版之《秘史》拉丁文对音本及其字典；

六、拉施特哀丁著的《蒙古史》——贝烈津俄译本（1858~1888年）；

七、巴尔虎旗诚图公由汉译本译成蒙古文之《秘史》原稿两册；

八、《成吉思合罕传》《黄金史》等各种蒙古史、字典，波慈特念也夫的《秘史》半部俄文对音本，阿勒坦瓦齐尔的《秘史》还原本，海涅士的《秘史》半部译文，伍拉基米尔索夫著的《蒙古社会制度史》等书，都作为参考用书。

以这些书为根据，把《秘史》上不易理解的每一字句都加以说明，先把古代蒙古语用古代蒙古文写下来，再把现在蒙古人不理解的字句，换成易解的字句，用现代的蒙古文译写出来。700年前的蒙古语与现在的蒙古语有很多不同，所以如果以古文印行，除供少数知识分子阅读外，人民大众是不晓得的。因此在为供给知识分子印行的《秘史》正式原文出版之前，特先把这本书介绍与蒙古广大的读者。我们是以不失原文义、不失原文编写的特点为原则，先把这个编译本印出来的。

我们是努力给现在蒙古读者以700年前该书写出的时候给予当时读者那样的艺术兴趣。

译者是藉蒙古人民的口语文学培育起来的，并且时常模仿这些口头文学作诗的，所以在翻译《秘史》中，尤其是在翻译其中的诗的时候，是从内心里受到感动的，我是当作最适宜于我的工作而完成了它。

由蒙古文译成蒙古文这句话也许有点奇怪，然而我们做的工作，确实是带有一种翻译性质的。

例如本书第156节上说：

"心怀敌意，前已走去，为何今又到来？这已像车轮大了，尚有何疑？立即斩掉。就斩了。"

这段翻译是：

"心怀恶意，独自流浪到这里，打算怎样？像他那样比车轴高的人，不是都斩杀了吗？还有什么说的？快斩了！就把他杀了。"

我们虽然根据外国学者们的研究、注释、翻译，但在某些地方研究了之后，把好些语义，以自己的见解写出来。

例如本书第79节有这样的话：

"不久，泰亦赤兀惕人塔儿忽台乞邻秃黑率领着他们的散班前来，说：'羚羔褪毛了；羚羔长大了。'"

这里塔儿忽台乞邻秃黑所说的话，学者们有着各样的解释。拉卜桑旦津的《黄金史》上是这样写的：

《 ᠬᠣᠯᠬᠣᠨ ᠬᠣᠴᠢᠴ · ᠰᠢᠤᠯᠭᠵᠨ ᠰᠢᠸᠵᠷᠴᠢᠬ ᠢᠷᠴᠤᠬᠤᠢ 》（Холхон хочич, шулгзн шивзрчих ирчухуй）

这里 ᠬᠣᠯᠬᠣᠨ · ᠬᠣᠴᠢᠴ · ᠰᠢᠤᠯᠭᠵᠨ · ᠰᠢᠸᠵᠷᠴᠢᠬ 四个字好像与乞邻秃黑一同来的人名，又好像乞邻秃黑所来自的地名，其实不然。原文是泰亦赤兀惕人把帖木真、诃额仑遗弃了之后，过了几年，因为帖木真等长大了，故大张挞伐而来说的话。因此，这应当是指着帖木真等长大了而言。诚图公的译本上说：

"此后泰亦赤兀惕部的乞邻秃黑议论说：'原先抛弃的帖木真母子们，现在像飞鸟雏儿似的羽毛丰满了；像走兽羔子似的牙爪长成了。'遂领着人而来。"

卡法罗夫的俄译本也是这样，所以中国的译本一定也是这样的了。

我们对于上述诸译本都不赞同,我们是以自己的看法来翻译的:

"住了些时,泰亦赤兀惕部人塔儿忽台乞邻勒秃黑率领着他们的护卫,说:'羊羔儿的毛褪了;羊羔儿的身体长大了。'前来袭击。"

我们是在译文中加上了"毛"与"身体"两字来说明。其"〇〇〇〇""〇〇〇〇"两字想系"〇〇〇〇 〇〇〇〇(羊羔等)""〇〇〇〇 〇〇〇〇(两岁羊羔等)"。"〇〇〇〇"一语,现在各地口语中还存在着,就是两岁的小羊。

又第105节的帖木真使人对札木合说的话,我们把原文及诚图公的译本和我们的译文作一比较如下:

原文写道:

"三姓篾儿乞惕人来了,

使我的心惊,

我们本是一家,不是外人吧?

我们要以仇报仇。

使我们害怕,

我们本是亲族,不是旁人吧?

我们要以德报德。"

诚图公的译本:

"把我们的妻子被篾儿乞惕部抢去的情由说了,我们本是同族人,这样的深仇怎么报呀?"

我们的翻译:

"仇敌篾儿乞惕人来了,

无情地折磨了我们，

残酷地摧残了我们。

成为我们靠山的至亲、亲族的你们，

请给我们报此深仇！

心肝都在发痛，

至亲、亲族的你们，

请给我们雪此大恨！"

我们的翻译是以根据汉文音译的《秘史》本的拉丁音译本及俄文音译本为依据，另外又以拉卜桑旦津的《黄金史》、拉施特哀丁著的《蒙古史》等补充原文所不完全的地方。可以为例的，如《秘史》第86节与《黄金史》对照，则可看出来：

"第三天，'[带枷的人还能跑多远？——AT]我们自己的人把他藏起来了吧？先搜查自己的人家。'挨家搜查，来到锁儿罕失剌家里。屋里、车子和铺底下都搜遍了，最后搜到装羊毛的车子旁，把车门前面的羊毛拉下，快露出帖木真的脚。锁儿罕失剌说：'这样热的天，羊毛里怎么能藏着人？[你随便找吧———AT]'搜查的人们下来走了。"

这里的"带枷的人还能跑多远？""你随便找吧！"两句话，实是应当有的，所以从拉卜桑旦津的《黄金史》上取来，补入《秘史》的译本。汉文音译本《秘史》原文，也许不是《秘史》的原稿，也许是传抄的原文本子吧？拉卜桑旦津的《黄金史》还保存着从《秘史》原稿上抄来的几节。拉施特哀丁也可能保留了《秘史》的另一原稿。

以《秘史》的汉文音译本和这些史书加以校对，我们觉着补入这几节是应当的，所以有许多话补写进去。凡补入的话，皆用方角引号，并注明出处。关于引证的书名：拉卜桑旦津的《黄金史》用"AT"，《成吉思合罕传》用"ЦЦ"为书名简称。引证拉施特哀丁书文以原名注明。此外编译者所加的话也是用方角引号，注释则用圆角引号。所以方角引号里的话是增补的，圆角引号里的话是注释。

最后关于《秘史》上斡歌歹罕的都城所在地阔迭额阿刺勒的问题，愿提出己见。我想：所谓"客鲁涟河的阔迭额阿刺勒"可能在乌兰巴托市东南的巴彦乌拉干山。这座山是在蒙古中央平原之前高耸的大山，且水草丰富。这座山的位置是在克鲁伦河，由肯特山起，西南向，又复东绕的这个大河湾子里面，又有很多的泉水。因为是很好的牧场，所以是附近一带牧人很大的过冬地方。尤其是在荒年，这山里更充满了居家和牲畜牧场。在克鲁伦河曲的这座山的东面是诚格尔河（即以前的桑沽儿小河）流入克鲁伦河，所以那座山正像一个大岛。此外则与树林的山地分开。原野地方，蒙古人称之为"阔迭额"是很久了。因此可知所谓"阔迭额阿刺勒"就是"野岛""荒岛"的意思。所以说这座山就是"阔迭额阿刺勒"那是很有道理的。阔迭额阿刺勒就是巴彦乌拉干山的另一个证据是一千九百二十几年时，唐济著的《珠宝之仓库》一书中，在字头①上说："帖木真二十八岁时，在客鲁涟河的'阔迭额阿剌勒'达勒贵汗地方建立都城，即全蒙古合罕的大位。"

实际上巴彦乌拉干山的两峰：一个叫巴彦汗，另一个叫达勒贵汗。这个达勒贵汗山是较为有名，那里的居民把自己的索木②叫作达勒贵汗索木。唐济在他自己的文章字头后边说："这书是根据蒙古文献编写的。"

由此看来，上述的"阔迭额阿剌勒达勒贵汗"一语，不是唐济随便写的，一定是录自某一史书上的。

策·达木丁苏隆

---

① 蒙古文的字母称作字头。
② 蒙古地方行政单位，相当于县以下的区。也有译作"佐"的。

第一章 帖木真的先世及其幼年时代

1.成吉思合罕的祖先是承受天命而生的孛儿帖赤那,他和妻子豁埃马阑勒①一同渡过腾汲思海子来到斡难河②源头的不儿罕山③前住下,生子名巴塔赤罕。

2.巴塔赤罕子塔马察,塔马察子豁里察儿篾儿干,豁里察儿篾儿干子阿兀站孛罗温勒,阿兀站孛罗温勒子撒里合察兀,撒里合察兀子也客你敦,也客你敦子挦锁赤,挦锁赤子合儿出。

---

① 旧译"孛儿帖赤那"作苍色的狼,"豁埃马阑勒"作惨白色的鹿,竟成为狼、鹿,其实是人名。
② 斡难河即今蒙古人民共和国的鄂嫩河。
③ 不儿罕山即今蒙古人民共和国的大肯特山。

3.合儿出子名孛儿只吉歹篾儿干。孛儿只吉歹篾儿干的妻名忙豁勒真豁阿,生子名脱罗豁勒真伯颜。脱罗豁勒真伯颜的妻名孛罗黑臣豁阿,他们有一个叫孛罗勒歹速牙勒必的青年仆人,还有银花马、铁青马两匹骏马。脱罗豁勒真伯颜生了两个儿子,叫都蛙锁豁儿、朵奔篾儿干。

4.都蛙锁豁儿的额中生了一只独眼,能望见三程远的地方。

5.有一天,都蛙锁豁儿和他的兄弟朵奔篾儿干一同上到不儿罕山上。都蛙锁豁儿从不儿罕山上眺望,看见沿着统格黎小河迁移来了一群百姓。

6.都蛙锁豁儿说:"那群百姓里边,车座上坐着一位美丽的姑娘。如果还没有嫁人,可以给朵奔篾儿干兄弟求婚。"这样说了,就叫朵奔篾儿干去看一看。

7.朵奔篾儿干到了那里一看,那个姑娘果然是一位出色的漂亮姑娘,而且还没有嫁人。名字叫阿阑豁阿。

8.这个姑娘是豁里秃马惕部的那颜①豁里剌儿台篾儿干的妻子巴儿忽真豁阿,在豁里秃马惕(豁里不里牙惕)部的阿里黑兀孙地方生的。她的母亲巴儿忽真豁阿乃是阔勒巴儿忽

---

① 那颜,是官长、首长之意。或译作官人。

真地方的穷主人巴儿忽歹篾儿干的姑娘。这一群百姓便是豁里剌儿台篾儿干的。

9.豁里剌儿台篾儿干因为在豁里秃马惕地方自相制约，禁止捕猎貂鼠、灰鼠等野牲，苦恼着离开了那里，成为豁里剌儿姓氏。他听说不儿罕山的野牲很丰富，便迁来和不儿罕山的领主兀良哈歹部的不儿罕孛思合黑三哂赤伯颜相会合了。豁里秃马惕的那颜豁里剌儿台篾儿干在阿里黑兀孙地方所生的姑娘阿阑豁阿，朵奔篾儿干娶了她为妻的经过是这样的。

10.阿阑豁阿来到朵奔篾儿干家里，生了两个儿子：一个名叫不古讷台、一个名叫别勒古讷台。

11.都蛙锁豁儿有四个儿子。都蛙锁豁儿死了以后，他那四个儿子不把朵奔篾儿干当叔父看待，分迁出去，成为朵儿边姓氏。

12.后来，有一天，朵奔篾儿干到脱豁察黑温都儿山上去捕猎野牲，在树林里逢见一个兀良哈歹部人，杀一个三岁的小鹿，在那里用火烧烤鹿的肋条肉和肚脏。

13.朵奔篾儿干说："把烧的肉给我点。"那个人就把鹿肺和半截胸腔、鹿皮自己留下，旁的东西都给予了朵奔篾儿干。

14.朵奔篾儿干驮着那块鹿肉回去,路上逢见一个领着小孩的穷人。

15."你是什么人?"朵奔篾儿干问。那个人说:"我是马阿里黑巴牙兀惕人氏。现在我很穷,你把那鹿肉给我,我就把这个孩子给你。"

16.朵奔篾儿干答应了,把鹿的一只后腿给了那个人,把小孩带回家去,作了仆人。

17.后来,朵奔篾儿干死去了。朵奔篾儿干死了以后,他的妻子阿阑豁阿寡居,又生了三个儿子:一名不忽合塔吉,一名不合秃撒勒只,一名孛端察儿蒙合黑。

18.以前朵奔篾儿干活着的时候,他所生的别勒古讷台、不古讷台两个儿子暗地里议论母亲阿阑豁阿说:"我们的母亲没有近亲男子,也没有丈夫,生了这三个儿子。家里只有马阿里黑巴牙兀惕族的仆人。这三个儿子是他的儿子吧?"阿阑豁阿母亲知道了他们的暗地里的议论。

19.春间的一天,煮着腊羊肉,给别勒古讷台、不古讷台、不忽合塔吉、不合秃撒勒只、孛端察儿蒙合黑五个儿子吃,叫他们排列坐在一边,每人给予一支箭(箭,或为细树枝),使他们折断。他们很容易地折断了。又把五支箭合起来使他们折断，五个人轮流着折，都未能折断。

20.因此，阿阑豁阿母亲说："别勒古讷台、不古讷台你们两人怀疑这三个儿子怎么生的，是谁的孩子。你们的怀疑是对的。"

21."然而你们不知道情由。每夜有个黄白色的光从天窗上照耀进来，抚摸着我的肚皮，那光透入我的肚皮。那个人是随着日月的光亮像黄狗似的爬着出去。你们乱说些什么？这样看起来将是天子吧？怎么可以和凡人相比。将来做了普天下的皇帝，人们才能够晓得这个道理。"

22.阿阑豁阿又教训五个儿子说："你们五个儿子都是从我的肚皮里生出来的，如果一个一个地分散开，就像一支箭似的会被任何人所击败；你们如果能同心协力，那就像合起来的五支箭似的坚固，不会被任何人所击败。"后来，阿阑豁阿母亲逝世了。

23.阿阑豁阿母亲死后，弟兄五人把牲畜分了。别勒古讷台、不古讷台、不忽合塔吉、不合秃撒勒只四人把东西分了，认为孛端察儿蒙合黑愚鲁，不当作亲族看待，没有分份子给他。

24.孛端察儿未被当作亲族看待，便说："这里还怎么能住下去？"骑了一匹青白色秃尾生断梁疮的马出去，心想："死就死吧，活就活吧。"沿着斡难河走到巴勒谆阿剌地方，搭了个草棚住下了。

25.住在那里,看见黄鹰捕野雉吃,便取下些青白色秃尾生断梁疮的马的马尾,做成个套子把黄鹰捕捉了。

26.孛端察儿因为没有食物,去射杀被狼围阻于山崖上的野牲而食,或去采拾狼吃的残肉充饥,这样养着黄鹰过了一冬。

27.到了春天,野鸭飞来的时候,把黄鹰空饿了放出去捕捉的野鸭很多,吃不完,而且:
每一个干树枝上,
都挂着野兽的后腿;
每一个枯树枝上,
都挂着两三个野鸟。
有的都腐臭了。

28.从必答古莫都图山①后沿统格黎小河迁移来一群百姓。孛端察儿放黄鹰,每天往那些百姓处去索要马奶子喝,晚上回到草棚住宿。

29.那些百姓向孛端察儿索要黄鹰,他没有给。那些百姓也未问孛端察儿是什么人。孛端察儿也未问那些百姓是哪里的百姓。

---

① 旧译作都亦连山。

30.后来不忽合塔吉沿着斡难河去寻觅他兄弟孛端察儿,到达住在统格黎小河的那群百姓处,问他们看到骑着那样的马、那样的人没有。

31.那些人说:"每天有一个人到我们这里来,要马奶子喝。那个人和他的马像你所说的一样。他有一个黄鹰,不知他夜里宿在哪里,西北风起时,他的黄鹰捕捉的野鸭、野雁的翎毛像雪片似的飞起,想他住的地方不远吧?现在到了他来的时候了。你略等一下。"

32.不大工夫,溯统格黎小河来了一个人,来到跟前一看,就是孛端察儿。不忽合塔吉认出来,把他带着溯斡难河回去。

33.孛端察儿在不忽合塔吉后边点着马走着说:"哥哥啊!哥哥啊!身体应当有首,衣服应当有领,这才好。"他哥哥没有理他的话。

34.孛端察儿又把这话说了一遍,他哥哥仍未回答。又说第三遍,他哥哥说:"你为什么三番两次说这话?"

35.孛端察儿说:"方才那住在统格黎小河的百姓没有主子,不分尊卑、好坏和上下,是一群极粗鄙的百姓,我们可以把他们掳来。"

36.他哥哥说:"是,如果这样,回到家去,和兄弟们商议好,再去掳那些百姓。"

37.到家,和兄弟们商议过,出发了,使孛端察儿作头哨先行。

38.孛端察儿走在前头,捉了一个孕妇,问她:"你是什么人?"那妇人说:"我是札儿赤兀勒阿当罕族的兀良哈歹人。"

39.兄弟五人从那里把那群百姓抢掠了,把牲畜掳来,把俘虏做了奴隶。

40.那孕妇做了孛端察儿的妻子,生了一个儿子。因为是外姓的儿子,取名札只剌歹,就是札答阑姓氏的祖先。札只剌歹子名土古兀歹,土古兀歹子名不里不勒赤鲁,不里不勒赤鲁子名合剌合答安,合剌合答安子名札木合,成为札答阑姓氏("札答"有外人、旁人之意)。

41.那个妇人又给孛端察儿生了一个儿子。因为是掳来的妇人所生的儿子,取名巴阿里歹。后来做了巴阿邻姓氏的祖先。巴阿里歹子名赤都忽勒孛阔。赤都忽勒孛阔娶妻很多,所生的儿子像雾似的[多]。他们成为篾年巴阿邻姓氏。

42.别勒古讷台成为别勒古讷惕姓氏。不古讷台成为不古讷惕姓氏。不忽合塔吉成为合答斤姓氏。不合秃撒勒只成为撒勒只兀惕姓氏。孛端察儿成为孛儿只斤姓氏。

43.孛端察儿的发妻生子名叫把林失亦剌秃合必赤。孛端察儿又娶了合必赤把阿秃儿的母亲从嫁来的妇人做妾，生了一个儿子，名叫沼兀列歹。孛端察儿在世的时候，使他有参加悬肉祭天典礼的权利。

44.孛端察儿死了以后，沼兀列歹的家里因常有阿当罕兀良哈歹人来往，疑是他们的儿子，在悬肉祭天的时候被驱逐出去。后来成为沼兀列亦惕姓氏。

45.合必赤把阿秃儿子名篾年土敦。篾年土敦有七个儿子，名：合赤曲鲁克、合臣、合赤兀、合出剌、合赤温、合阑歹、纳臣把阿秃儿。

46.合赤曲鲁克子名海都，是其妻那莫仑所生的。合臣子名那牙吉歹，因为好装扮官人，所以成为那牙勤姓氏。合赤兀子名把鲁剌台，身量大，饭量好，所以成为把鲁剌思姓氏。合出剌的儿子名叫忽赤，也是饭量好，所以成为大把鲁剌姓氏、小把鲁剌姓氏，后来分为额儿点图把鲁剌、脱朵延把鲁剌等四个把鲁剌思姓氏。

合阑歹的儿子争饭吃没有上下，所以成为不答阿惕姓氏。合赤温子名阿答儿乞歹。因为在兄弟之间好挑拨是非，所以成为阿答儿斤姓氏。纳臣把阿秃儿子名兀鲁兀歹、忙忽台两人，成为兀鲁兀惕、忙忽惕姓氏。纳臣把阿秃儿发妻所生的儿子名叫失主兀歹、朵豁剌歹两人。

47.海都子名伯升豁儿多黑申、察剌孩领忽、抄真斡儿帖该三人。伯升豁儿多黑申子名屯必乃薛禅。察剌孩领忽子名想昆必勒格，想昆必勒格子名俺巴孩，成为泰亦赤兀惕姓氏。察剌孩领忽娶嫂为妻，生了一个儿子，名叫别速台，成为别速惕姓氏。抄真斡儿帖该有六个儿子，名：斡罗纳儿、晃豁坛、阿鲁剌惕、雪你惕、合卜秃儿合思、格泥格思，后来就成为各自的姓氏。

48.屯必乃薛禅子为合不勒合罕①、抟薛出列两人。抟薛出列子名不勒帖出把阿秃儿。合不勒合罕有七个儿子，名：斡勤巴儿合黑、把儿坛把阿秃儿、忽秃黑秃蒙古儿、忽图剌合罕、忽阑、合答安、脱朵延斡惕赤斤。

49.斡勤巴儿合黑子名忽秃黑秃主儿乞。忽秃黑秃主儿乞子名撒察别乞②、泰出两人，成为主儿乞姓氏。

50.把儿坛把阿秃儿有四个儿子，名：蒙格秃乞颜、捏坤

---

① 蒙古部"合罕"在此书以此处为最早，合罕亦作可汗，译言皇帝。
② 别乞是官名，古代蒙古北方部酋长常用的名号。

太子、也速该把阿秃儿、答里台斡惕赤斤。忽秃黑秃蒙古儿子名不里孛阔。后来在斡难河林中宴会上，砍破［成吉思合罕弟］别勒古台的肩甲的就是他。

51.忽图剌合罕子名拙赤、吉儿马兀、阿勒坛三人。忽阑把阿秃儿子名也客扯连。［也客扯连的奴隶］巴歹、乞失里黑两人在［成吉思合罕时］都获得了答儿罕那颜①封号。合答安、脱朵延两人无子逝世。

52.合不勒合罕统治了全蒙古②。合不勒合罕虽有七个儿子，却叫想昆必勒格的儿子俺巴孩做了全蒙古的合罕。

53.在捕鱼儿海子、阔连海子③中间相连的兀儿失温河④附近住着阿亦里兀惕氏和备鲁兀惕氏塔塔儿部。俺巴孩合罕为出嫁姑娘，亲自去送嫁，被塔塔儿人捕捉去。塔塔儿人捉住俺巴孩合罕，送与中国的金国皇帝。俺巴孩合罕叫别速惕族的巴剌合赤回去，并对他说："你去对合不勒合罕的七个儿子之中的忽图剌，我的十个儿子之中的合答安太子说吧！大合罕国君我为亲自送女儿出嫁，被塔塔儿部捕捉去。就是十

---

① 答儿罕或作达尔汗，为蒙古封号，原为由奴隶解放的自由民，意为自由、自在，可免一切徭役。
② "蒙古"旧译本作"达达"，今改，下同。
③ 捕鱼儿海子，即今贝尔池。阔连海子，即今呼伦池，皆在今内蒙古呼伦贝尔盟。
④ 即今呼伦池、贝尔池中间相连的乌尔顺河。

个指甲磨尽了，十个指头坏完了，也要给我报仇！"

54.那时也速该把阿秃儿正在放鹰捕雀，逢见从斡勒忽讷兀惕族娶妻回来的篾儿乞惕部的也客赤列都。一看那女人是一个漂亮的夫人，也速该急忙驰马回家，带着他的哥哥捏坤太子，他的弟弟答里台斡惕赤斤二人前来追赶也客赤列都。

55.也客赤列都害怕，鞭策着他那黄马的后腿就往山涧里逃跑。他们三个人在后边紧追。也客赤列都逃跑绕过一个山嘴，转回来，又到车前。其妻诃额仑兀真（兀真译作福晋，就是汉语夫人）说："你知道那三个人的来历吗？他们的行色可疑。要加害于你吧？如果保留了生命，不难获得女人，每一个车座上都有女子；每一辆车上都有夫人。［是可以娶得着像我这样美貌的女人的——AT］。如果想念我，另娶一个妻子，就叫我的名字吧。现在你想法逃生去吧！闻着我的香气逃走吧！"遂脱下一件衫子给了他。也客赤列都从马上刚把她那衫子接过来，一看那三个人绕过山嘴追来，急忙鞭打着马后腿溯斡难河逃走了。

56.他们三个人从后面追赶，越过了七个高岗，就不去追赶，回头把诃额仑兀真带上，也速该把阿秃儿引着车子，捏坤太子在前，答里台斡惕赤斤随在一旁，［赶着骆驼——AT］走。诃额仑兀真说：

"我的丈夫赤列都，

被凉风吹散了发结,

在旷野里受着饥饿,

将怎么样的难过啊!

现在我的发结,

一前一后地垂着了,

我怎么办呢?"

她大声地哭着,震动了斡难河的水,摇撼了森林中的树。答里台斡惕赤斤从旁说:

"你的亲爱的丈夫,

已经越过了千山;

你的心爱的丈夫,

已经渡过了万水。

你虽然痛哭,

但也不能回顾你一下;

你虽然想去寻觅,

但是找不着道路了。

[渡过了三江,

越过了三山。

寻去也无踪,

看去也无影,

哭也听不见——ЧЧ]"这样地劝说。

诃额仑兀真就这样被也速该把阿秃儿带回家去成亲了。也速该把阿秃儿娶诃额仑兀真的经过就是这样。

57.俺巴孩合罕被捕时，曾指定合答安、忽图剌二人继位，所以全蒙古、泰亦赤兀惕部众大会于斡难河的豁儿豁纳黑主不儿地方。会议的结果，推选忽图剌为合罕。蒙古部众，很是欢悦，跳舞，宴会。忽图剌被推选为合罕，在豁儿豁纳黑主不儿地方，在繁茂的树荫下，跳舞，欢宴，把杂草踏烂，地皮也踏破了。

58.忽图剌当了合罕，和合答安太子两人去攻伐塔塔儿部报仇。和塔塔儿人阔湍巴剌合、札里不花打了十三次仗，但是未能给俺巴孩合罕报仇。

59.在那时也速该把阿秃儿俘虏了塔塔儿部人帖木真兀格、豁里不花等。怀孕的诃额仑兀真适在斡难河的迭里温孛勒答黑地方生出了成吉思合罕。成吉思合罕生时，左手握着髀石般的一个血块。因为适于俘虏帖木真兀格时降生，所以取名叫帖木真。

60.也速该把阿秃儿的妻诃额仑兀真生了帖木真、合撒儿、合赤温、帖木格四个儿子。又生一女儿，名叫帖木仑。

[也速该把阿秃儿另一个妻子速赤格勒生了别克帖儿、别勒古台二人——AT] 帖木真九岁的时候，拙赤合撒儿七岁、合赤温额勒赤五岁、帖木格斡惕赤斤①三岁、帖木仑还

---

① 原注"отгон 是火王、灶君之意"。按蒙古人古代多以少子守灶，承继家业，故少子多名斡惕赤斤或斡惕斤。

睡在摇车上。

61.帖木真九岁的时候，也速该把阿秃儿把他带往他母亲诃额仑家的斡勒忽讷兀惕族处，向他的母舅索女求婚。路上走到扯克彻儿、赤忽儿古两山之间，遇见翁吉剌惕部人德薛禅。

62.德薛禅说："也速该亲家，你往哪里去？"也速该把阿秃儿说："我是带着儿子往他的母舅斡勒忽讷兀惕族百姓处去求婚。"德薛禅说："你这儿子眼睛明亮，面上发光。"

63."也速该亲家，我今天夜里做了一个梦。梦见白海青两爪攫取日月飞来，落在我的手上。日月只是我们眼睛看见的东西。可是海青攫着日月落在我的手上，这是奇异的，这是极大的幸运，我已经对旁人说过。也速该亲家你领着儿子前来，就是应了我的梦。你们乞颜惕人的吉兆来了，正是应了我的梦。"

64."我们翁吉剌惕人从来不掠夺旁的部落和百姓。
不侵伐他人的国土，
使美貌的女子，
坐在大车上，
驾着黑色骆驼，
一点一点地跑到
合罕你们的面前，

让她作为妃子，

和合罕坐在一起。

不争夺他人的百姓，

使美貌的女子，

坐在有座的车上，

驾着青色骆驼，

一晃一晃地走到

至尊高位的身旁，

作为亲密的伴侣。

我们翁吉剌惕人从来就出美貌的妇人、美貌的女子，我们只靠外甥的仪表、姑娘的容貌来往。"

65."男孩子在家乡作主人，女孩子依她的容貌嫁外乡。也速该亲家，到我家去，我有一个小女，你看看！"德薛禅说着把也速该请到家去。

66.也速该一看那个姑娘，面上发光，眼睛明亮，很是中意。她的名字叫孛儿帖，比帖木真大一岁，十岁了。帖木真在德薛禅家里住一夜，第二天早晨求婚。德薛禅说："多次求婚才答应，则主贵；少次求婚就答应，则卑贱。虽然这样说，可是女子生下来，没有老在家里的，所以我把女儿给你。你的儿子做了我的女婿，把他留在我家。"也速该把阿秃儿说："我把儿子留下，我的儿子怕狗。我的亲家，你不要让狗吓坏我的儿子。"说了把带来的从马当财礼，留下帖木真，就回去了。

67.也速该把阿秃儿走到扯克彻儿失剌川地方，逢着塔塔儿部人在宴会。因为口渴，在宴会前下了马。塔塔儿人认识也速该，便说："也速该来了。"请他参加宴会，记起以前被抢掠的仇恨，暗中议妥，在饭里放上毒药给他吃了。也速该从那里动身，走在路上，身体觉得不好，走了三天，勉强回到家里。

68.也速该说："我的心里难过。我跟前有谁？"晃豁坛族的察剌合老人的儿子蒙力克在跟前。遂叫来说："我的孩子蒙力克你听着！我的儿子们还年幼。我把帖木真儿子留在亲戚家，回来走在路上被塔塔儿部人暗害，我的心里难过。遗下的孤儿，你的幼弟，和你的寡嫂，你要照顾着。快去把帖木真儿子叫回来！我亲爱的蒙力克！"说罢就死去了。

第二章 成吉思的壮年

69.蒙力克遵照也速该把阿秃儿的话,去到德薛禅那里说:"也速该兄长很想念帖木真,心里难过,叫我把帖木真领回去。"德薛禅说:"亲家想念儿子,叫他回去吧!但是希望不久就叫他回来。"蒙力克听了这话,就把帖木真领回来了。〔帖木真看见也速该把阿秃儿逝世,扑倒地下,放声大哭。晃豁坛族人察剌合劝他说:

"像大鳟鱼似的,
你为什么痛哭?
要巩固你的部下,
不是这样跟你说过吗?
像水中游鱼似的,
你为什么悲哀?

要建立你的部众,

不是这样跟你说过吗?"

于是帖木真停止了痛哭——AT]

70.那年的春天,俺巴孩合罕的妃子斡儿伯、莎合台二人,在祭祀祖宗大地(祖宗的墓地)时,由于诃额仑兀真到得迟了,没有给她祭胙的份子。诃额仑兀真对斡儿伯、莎合台二人说:"也速该把阿秃儿是死了,我的儿子还年幼,祭祖的余胙份子你为什么不给呢?眼看着你不给,走的时候你也不叫一声。"

71.斡儿伯、莎合台二人听了这话回答说:

"没有呼唤你的道理,

逢上了你就应当吃;

没有送给你的道理,

分到了你才应该吃!

俺巴孩合罕死了,诃额仑你这样说。论理,你说这些话就把你们母子遗弃于营盘,不带着你们走。

72.第二天,泰亦赤兀惕人塔儿忽台乞邻勒秃黑、脱朵延吉儿帖等沿着斡难河迁走,把诃额仑兀真母子们一起遗弃了。晃豁坛族的察剌合老人去劝阻那些迁走的人。脱朵延吉儿帖说:

"深渊已经干涸了,

坚石已经破碎了。"

不理察剌合老人的话，竟自迁去。临走时又说："你这样劝阻什么？"把察剌合老人的背上刺了一枪，驱逐回去了。

73. 察剌合老人受了伤，回到家里，痛苦地卧倒。帖木真去看他。察剌合老人对帖木真说："我因为你父亲留下的部众散走了，前往劝阻，才受了伤。"帖木真听了哭着出来。诃额仑兀真亲持旄纛出发，把散去的部众追回来一部分。然而追回来的部众，也不安稳，后来又随着泰亦赤兀惕部迁走了。

74. 就这样，泰亦赤兀惕部兄弟们把寡妇诃额仑兀真和她的幼子们一同遗弃于营盘，迁移他去。

生性明智的诃额仑母亲，
穿着百结的衣服，
扎着破乱的裙子，
来往于斡难河畔，
采拾杜梨野果，
抚育着幼小的儿子们，
谋度这艰苦的日子。
生性贤能的兀真母亲，
手持桧木橛子，
来往于察把赤木地方，
掘取红蒿草根，

抚育着聪明的儿子们，

谋度这艰苦的日子。

[天生的兀真母亲，

手持榆木橛子，

来往于哈勒敦山①上，

掘取野葱、野韭，

抚育着有帝王气象的儿子们，

让他们吃得饱、饮得足。——AT]

75. 生而俊美的诃额仑母亲，

手持木钩棍子，

来往于斡难河滨，

采拾野韭、野葱，

抚育着有福的儿子们。

生而贤明的兀真母亲，

以野草根抚养的儿子们，

都有治国的才干。

生而俊美的兀真母亲，

以野葱、野韭抚养的儿子们，

都有福禄气象。

兀真母亲抚育的儿子们，

都有英勇气概，

---

① 哈勒敦山，就是不儿罕山。

威武、矫健、颖慧,
坐在斡难河滨,
把钓钩投进水里,
钓取河里的残鱼,
奉养兀真母亲。
贤明兀真抚养的儿子们,
都有治国的才能,
往有鱼的河上去,
钓取水中的游鱼,
奉养天命母亲。

76. 有一天,帖木真、合撒儿、别克帖儿、别勒古台四个人同坐钓鱼。一个银鱼上钩了。别克帖儿、别勒古台两人向帖木真、合撒儿两人夺取过来。帖木真、合撒儿两人回家,对兀真母亲说:"一个银鱼上钩了,被别克帖儿、别勒古台两人夺去了。"兀真母亲说:"你们是一个父亲的儿子,为什么这样做?现在,你们也知道除了影子,没有旁的朋友;除了尾巴,没有旁的鞭子吧?如果这样,我们怎么能够向泰亦赤兀惕人报仇呢?为什么像以前阿阑豁阿母亲的五个儿子那样地不和睦?你们不要这样!"

77. 帖木真、合撒儿两人不听母亲的话,说:"昨天射杀一个云雀,被他抢夺去了。今天鱼又被他抢夺去了。这样怎么能够在一起过活呢?"他们使劲把门一推出去了。别克帖儿在山岗上坐着看牧九匹惨白色的马。帖木真从后面,合撒儿从前面,暗藏着弓箭。别克贴儿看见了,说:"正受着泰亦赤兀惕部的兄弟们的残害,仇恨还没有报,你们为什么把我当作眼中的钉、口中的梗?现在除了影子以外,没有旁的朋友;除了尾巴以外,没有旁的鞭子,你们为什么这样做?请不要断绝灶火,请不要杀害别勒古台。"说罢,盘腿坐待。帖木真、合撒儿二人一前一后把他射杀了。

78.帖木真、合撒儿二人回家,一进门,他母亲一看两个儿子的颜面,就晓得了。就说:

"迫害自己的朋友,

吃掉自己的伙伴,

从我的热肚皮里生出,

你的手里握着赤血块。

像齿咬胸肋的黑狗,

像冲击山岩的海青,

像怒不可遏骄傲的狮子,

像吞食生物可怕的大蟒,

像怒搏影子的猛兽,

像噤声吞食的大鱼,

像咬驼羔后腿的雄骆驼,

像在风雪里奔冲的雄狼,

像赶不出雏儿而吃掉了雏儿的鸳鸯,

像返身护巢的豺狼,

像搏食的猛虎野兽，

——你们像那些疯狂的禽兽。

影子以外没有朋友，

尾巴以外没有鞭子。

在这个时候，正受着泰亦赤兀惕人的压迫，谁去报仇呢？你们怎么做出这样的事情？诃额仑引证了古语、祖言责备儿子们。

79.住了些时，泰亦赤兀惕部人塔儿忽台乞邻勒秃黑率领着他们的护卫，说："羊羔儿的毛褪了，羊羔儿的身体长大了。"（喻诃额仑的儿子们长大了）前来袭击。诃额仑害怕他们，和儿子们逃往树林里。别勒古台折取树枝筑栅寨，合撒儿箭射抵抗，合赤温、帖木格、帖木仑三人藏于山涧里。泰亦赤兀惕部人喊着说："只要你哥哥帖木真出来，旁人都不要！"帖木真听到了悄悄地逃入树林中去。泰亦赤兀惕部人知道了，就去追赶。帖木真钻进最高山上的树林里。泰亦赤兀惕部人无法进去，就把山包围了。

80.帖木真在树林里住了三夜，要想回去，牵着马正走着，马鞍子忽然翻掉下来。回头一看，鞍子的肚带扳胸仍旧扣着，可是翻掉下来了。他想："肚带扳胸仍旧扣着，怎么会翻下来？上天阻止我吧？"又住了三夜。再出来，正走着，树林的出路上，横阻着一块像帐房大的白石头。"上天阻止我吧？"想着又回去住了三夜。一共住了九夜，吃的没有了。

"与其这样无名而死,不如出去。"说了,遂绕过那块阻塞去路的像帐房大的白石头,用削箭刀子砍折乱树,牵着马一出来,就被泰亦赤兀惕人迎头捕捉了。

81.塔儿忽台乞邻勒秃黑把帖木真捉住,带回部众里,传下号令,使徇行各处,每家住宿一夜。四月十六日红日高照,泰亦赤兀惕部人在斡难河滨宴会,直到日落始散。在散会的时候,看守帖木真的是一个幼弱的小孩。参加宴会的人一散,帖木真用枷头把那幼弱的小孩的头击打了一下,就跑进斡难河边的树林里掩藏,恐怕被人看见,仰卧于水沟里(水沟旁边的聚水道),身子在水里,只把面部露出来。

82."俘虏跑了!"那个看守的人大声喊嚷。散去的泰亦赤兀惕人又聚集来。在月明如昼的夜里,沿着斡难河畔的树林寻找。速勒都思族的锁儿罕失剌逢见了卧在水沟里的帖木真,便说:"[水中无影(?),空中无踪,你这样卧藏着正对。——AT]你有才能,并且眼睛明亮,面上发光,所以泰亦赤兀惕部人才嫉妒你。你这样卧着吧。我不告发你。"就这样走过去了。泰亦赤兀惕人正在讨论如何去寻找。锁儿罕失剌说:"每个人跟着来时候的足迹往回走,在附近找一找吧。"大家说:"是",一致赞同,依照来时候的足踪去寻找。锁儿罕失剌又经过帖木真那里。"泰亦赤兀惕人兄弟们咬牙切齿地来了,你好好地卧藏着。"说着走过去了。

83.泰亦赤兀惕部人因为没有找到，所以又商议怎么去寻觅。锁儿罕失剌说："泰亦赤兀惕的［那颜——AT］子弟们！我们是在白天里把人失去了，现在黑夜里怎么能找得？往来的时候足踪地方再去找一次，我们就回去，明天集合再找吧。那个带枷的人还能跑多远？"大家同声称"是"，又去寻觅。

锁儿罕失剌又走到帖木真那里，说："现在再找一回就散去，明天再来寻找。我们一散去，你赶快去找你的母亲弟弟们。如果逢见人，不要说看见过我。"说罢就走过去了。

84.他们一散去，帖木真心想："前几天徇行各家时，宿在锁儿罕失剌家里，他的儿子沉白、赤老温两人爱护我，晚上把枷解下来叫我睡觉。现在锁儿罕失剌看见我又不去告发就过去了，他是能搭救我的吧？"遂沿着斡难河向锁儿罕失剌的家走去。

85.锁儿罕失剌家的记号是从夜晚到天明捣马奶子，搅酸奶子。遵照那个记号，听着捣声前往。锁儿罕失剌说："不是叫你去找你的母亲和弟弟们吗？你为什么来到这里？"他的儿子沉白、赤老温二人说："雀鸟逃避大鹰，逃进草丛里，草丛还能营救它。现在有人逃到我们这里来，为什么这样说？"这样责备他父亲。把帖木真带的枷打碎，放进火里烧毁。叫帖木真藏在后面装羊毛的大车（座车）里，并嘱咐他的妹妹合答安说："不要对人说。"

86.第三天，"［带枷的人还能跑多远？——AT］我们自己的人把他藏起来了吧？先搜查自己的人家。"挨家搜查，来到锁儿罕失剌家里。屋里、车子和铺底下都搜遍了，最后搜到装羊毛的车子旁，把车门前面的羊毛拉下，快露出帖木真的脚。锁儿罕失剌说："这样热的天，羊毛里怎么能藏着人？［你随便找吧!——AT］"搜查的人们下来走了。

87.那搜查的人走了之后，锁儿罕失剌对帖木真说："你几乎像吹灰似的伤害了我。现在你去找你的母亲和弟弟们吧!"给了他一个甘草黄白口的骒马，煮了一个吃两母乳的肥羊，给了他一张弓，两支箭，没有给他鞍子和火镰，打发他走了。

88.帖木真从那里出发，来到从前筑栅寨的地方，依照草道，溯斡难河前行，到了从西流来的乞沐儿合小河地方，又溯乞沐儿合小河上行，到达别帖儿山嘴的豁儿出恢的孤山地方，和他母亲、弟弟们相会了。

89.大家在那里相会了，迁往流经不儿罕山前的桑沽儿小河（诚格尔河）的合剌只鲁格的阔阔海子地方住下，捕杀土拨鼠、野鼠为食过活。

90.有一天，在家门前的八匹惨白色的骟马被贼盗看见，偷盗去了。因为帖木真等徒步无马，眼看着被赶走了。别勒古台骑着甘草黄马去打猎土拨鼠。太阳西沉才拉着马驮着土拨鼠回家来。"惨白色的骟马被贼盗偷去了。"帖木真说。"我去追。"别勒古台说。合撒儿说:"你不行,我去追。"

帖木真说:"你们都不行,我去追。"骑着甘草黄马循着草踪前去追赶惨白色的骟马。走了三天,一天早上,遇见一个大马群,一个伶俐的青年在挤马奶子。和他相遇了,就问他看没看见惨白色的骟马。那个青年说:"今天早晨太阳才出来的时候,从这里赶过去八匹惨白色的马,我把马踪告诉你吧。"让帖木真把甘草黄马放了,给他换了一匹黑脊白马骑上。自己骑一匹快黄马,也未回家去,把奶桶盖藏在野地里。就说:"朋友,你很辛苦了,男儿的苦难都一样。我想和你结成朋友。我的父亲叫纳忽伯颜。我是他的独生子,我的名字叫孛斡儿出。"说着,两个人出发,循着踪迹去追赶惨白色的马。走了三天,一天,太阳衔山了,遇见一圈子①百姓。看见那八匹惨白色的骟马在圈子边吃草。帖木真说:"朋友,你站在这里,我的惨白色的骟马在那里。我去赶出来。"孛斡儿出说:"我和你结为朋友同来,怎么好留在这里?"两个人便一同跑进去把惨白色的骟马赶了出来。

91.后面许多人源源赶来了。其中一个骑白马〔穿红衣——AT〕的人手持套马杆子,当先追来。孛斡儿出说:"朋友,你把弓箭给我,我射他!"帖木真说:"恐怕你为我

---

① 圈子(куриен),此依旧译,所谓一圈子百姓,有一部百姓之意,乃是古蒙古人一氏族中的百姓共同放牧的集团。

受害，我射他！"说着，返身迎战。那个骑白马的人把套马杆子一指，后面的人众陆续赶来，但是太阳西坠，天色已晚，他们回赶不上落后了。

92.帖木真、字斡儿出两人赶着马，走了一夜，又走，一共走了三天三夜，快到字斡儿出的家，帖木真说："如果没有你，我怎么能够找回这些马？［我留几匹——AT］，你要几匹？"字斡儿出不要，说："我因为好友你走得很辛苦，所以帮助你，结伴同去。我不要外财，我是纳忽伯颜的独生子，我父亲积蓄的财产，尽够我用的。"

93.他们两人到了纳忽伯颜家。以为儿子走失了，而涕泣交流的纳忽伯颜看见儿子回来了，一面哭，一面责备着说："我儿！你说！你怎么了？"字斡儿出说："我看见这位好友走得辛苦，一同走去，现在回来了。"遂又到野地把盖藏的奶桶取回来，宰了个吃两母乳的羊羔给帖木真做口粮，又给了一个带绳的皮桶，驮在马上。纳忽伯颜说："你们这两位年轻人此后要好好地友爱，互不相弃！"从那里帖木真走了三天三夜，到了在桑沽儿小河的家中。帖木真回来，诃额仑母亲、合撒儿和他的弟弟们正在发愁。见他回来，心里都很高兴。

94.帖木真自从九岁时和字儿贴兀真见过一面后，再未相会。现在帖木真、别勒古台两人沿着客鲁涟河去寻觅字儿帖兀真。翁吉剌惕人德薛禅住在扯克彻儿、赤忽儿古两山之间。德薛禅看见帖木真,非常欢喜地说:"我知道泰亦赤兀惕兄弟们痛恨你,我正在心里发愁,以为绝望了。不想现在又和你相见了。"乃把孛儿帖兀真嫁给帖木真。帖木真带着孛儿帖兀真一同回去。德薛禅送到客鲁涟河的兀剌黑啜勒地方〔因为怕热——AT〕,顺着客鲁涟河返回。德薛禅的妻子搠坛把女儿孛儿帖送到古连勒古山里桑沽儿小河的帖木真家。

95.搠坛回去了以后,帖木真为了把孛斡儿出迎接来做朋友,打发别勒古台前往。别勒古台一到,孛斡儿出也未禀告父亲,骑上一匹拱脊甘草黄马,驮着一件青毛衫,和别勒古台一同来到。孛斡儿出和帖木真做朋友的经过是这样。

96.帖木真等从桑沽儿小河迁移到客鲁涟河的源头不儿吉地方营居。帖木真、合撒儿、别勒古台三个人拿上搠坛母亲作见翁姑礼的黑貂鼠皮袄,去见也速该父亲的旧安答(朋友)①王罕。心想:父亲的安答,就是亲父一样。来到住在土兀剌河②的黑林中的王罕处。帖木真说:"你是我父亲的旧安答,像我的亲生父亲一样。我把娶妻时妻子带来见翁姑礼的黑貂鼠皮袄献给你。"说着把黑貂鼠皮袄献上。王罕〔很欢喜地〕说:

"黑貂鼠皮袄的报答是
要把你的离散的部众,

---

① 以上为原注。按安答有盟友之意。
② 土兀剌河,即今蒙古人民共和国的土拉河。

给你聚集来。

黑貂鼠皮袄的报答是

要把你的离散的部众，

给你招集来。

蛋应在裤裆里；

痰应在喉咙里——

（应该有上有下。）"

97.从那里回来后，住在不儿吉地方。不儿罕山的兀良哈歹部人札儿赤兀歹老翁背着风箱（铁匠用的风箱），领着他的儿子者勒篾前来，说："帖木真你当初在斡难河的迭里温孛勒答黑地方出生时，我给你一个貂鼠褟裸，我也要把这个儿子者勒篾给你，因为年小，我又带回家去。现在把我的儿子者勒篾

给你备鞍子；

给你看门户。"

98.在客鲁涟河源头不儿吉地方住着，一天晚上还没有黎明，诃额仑母亲房中的女仆豁阿黑臣起来说："妈妈！妈妈！快起来！你听，马跳跑的声音像地震似的。可恶的泰亦赤兀惕人来了吧？妈妈快起来！"

99.诃额仑母亲说："快把儿子们叫起来。"自己也立即起来。帖木真等起来，抓来马。帖木真、诃额仑母亲、合撒

儿、合赤温、帖木格斡惕赤斤、别勒古台、孛斡儿出、者勒篾等每人骑一匹马。帖木仑是由她母亲抱在怀中。一匹马驮着行装,孛儿帖兀真没有马骑。

100.帖木真兄弟们骑上马,赶紧地向不儿罕山跑去了。豁阿黑臣女仆把孛儿帖兀真藏在黑车子里,[坐在装东西的车上——AT]驾上一头花脊牛,溯统格黎小河前进。[过了山,到达统格黎小河——AT],天才黎明。迎面点着马来了一些军人,问说:"你是什么人?"豁阿黑臣女仆说:"我是帖木真的仆人,到财主家去剪羊毛;现在[装着羊毛]回家去。"那些军人说:"帖木真在家不在家?他的家在哪里?"豁阿黑臣女仆说:"家很近。帖木真在家不在家,我不知道,我是从后屋出来的。"

101.那些军人点着马走过去。豁阿黑臣女仆急忙赶着花脊牛前进,但是车轴断折了。因为车轴断折了,正想徒步往树林里逃。这时,后边的军人们把别勒古台的母亲掳在马上叠骑着,两腿下垂,追赶来。问说:"这车里装的是什么?"豁阿黑臣女仆说:"是羊毛。"那些军人的首长说:"弟兄们下马看看!"有的兵下马把车门打开,看见车里是坐着一位年轻的妇人,就把她拖下车来,和豁阿黑臣女仆一同叠骑在马上,跟踪向不儿罕山去追赶帖木真。

102.追赶帖木真,环绕不儿罕山三遍,未能获得,前后搜寻，又因为泥沼深陷，林密谷深，就是毒蛇也难钻进去。没有方法去寻觅帖木真。这些来侵袭的军人是三姓篾儿乞惕部人。那是兀都亦惕氏篾儿乞惕人脱黑脱阿、兀洼思氏篾儿乞惕人歹亦儿兀孙、合阿惕氏篾儿乞惕人合阿台答儿麻剌。他们三姓相合，来报复以前抢夺赤列都的妻子诃额仑兀真的仇恨。现在那些蔑儿乞惕们议论说："来报复抢夺诃额仑的仇恨，现在已经把妇人夺来了。我们父祖的仇恨已经报复。"就回去了。

103. [他们把孛儿帖兀真抢夺去，给予赤列都的兄弟赤勒格儿孛阔为妻——AT]。帖木真说："那三姓篾儿乞惕回去了呢？还是埋伏在山路上呢？跟踪他们三天，回来告我！"就叫别勒古台、孛斡儿出、者勒篾三人前去。帖木真从不儿罕山下来，手捧胸膛祷祝说：

"由于像黄鼠狼似的
善听的豁阿黑臣的
善听的力量；
由于像银鼠似的
善视的豁阿黑臣的
预见的恩惠，
[才逃脱出
暴敌虎口。]
把自己身体，
躲藏起来，

遵行着
崎岖山路；
踏循着
鹿行曲径，
在不儿罕山上，
用榆树条，
搭起帐房，
遮蔽身体，
逃出性命。
在外敌的
侵袭之下，
像雀鸟般
逃避老鹰，
依照麋鹿的行径，
在山涧石岩里，
寻觅住所，
逃上了
哈勒敦山，
用红柳条
搭起帐房，
保护了
我的生命。
生着密林的
不儿罕山，

搭救了我

像虱子似的生命；

保全了我

像蛋大的生命。

从敌手中

救护出来。

为我们孤苦的

孩子们的屏障，

至高无上的

不儿罕山，

我将每晨

祭祀你!

我将每天

祭祀你!

子子孙孙

永远祭祀!

一代一代

永世奉祀!"

　　说罢，把带子像数珠似的挂在脖颈上，帽子搭在臂上，手捧胸膛，向着太阳，给不儿罕山行九叩礼，跪拜祈祷，洒马奶子奠祭。

第三章

篾儿乞惕部的消灭和帖木真的被尊称为成吉思合罕

104.帖木真、合撒儿和别勒古台三个人一同到了住在土兀剌河黑林中的客列亦惕部的脱斡邻勒王罕那里去说:"不料三姓篾儿乞惕人来侵凌,把我的妻子抢掳去了。我的罕父,请你给我搭救妻子。"王罕回答说:"我去年不是给你说了吗?你把我像亲父一样地看待,送给我黑貂鼠皮袄,我曾说过:

> 黑貂鼠皮袄的报答是
> 要把你的离散的部众,
> 给你聚集来;
> 黑貂鼠皮袄的报答是
> 要把你的离散的部众,
> 给你招集来。

蛋应在裤裆里；

痰应在喉咙里——

（应该有上有下）。"

现在要实践诺言。

为报答黑貂鼠皮袄的情义，

消灭那全部篾儿乞惕，

夺回孛儿帖兀真；

为报答黑貂鼠皮袄的情义，

击灭那全部蔑儿乞惕，

救回孛儿帖夫人。

"你去对札木合弟说，札木合弟住在豁儿豁纳黑主不儿地方。我从这里出兵二万为右翼，札木合弟出兵二万为左翼，请札木合给我们约定会师的日期。"

105.帖木真、合撒儿、别勒古台三人离开脱斡邻勒王罕，回到家里。帖木真又差遣合撒儿、别勒古台二人去到札木合那里说：

"仇敌篾儿乞惕人来

无情地折磨了我们；

残酷地摧残了我们。

成为我们靠山的

至亲、亲族的你们，

请给我们报此深仇！

心肝都在发痛，

至亲、亲族的你们，

请给我们雪此大恨！"

又把客列亦惕部脱斡邻勒王罕的话传达给札木合说："想起从前也速该和罕父感情很好，所以要出兵二万为右翼，请札木合弟出兵二万为左翼，共同的誓约由札木合弟决定。"札木合听了这些话，说：

"我听到了

现在帖木真安答

正遭遇着苦难，

思想起来，

使我心痛；

悲念起来，

使我肠断。

追袭仇敌，

把那些蔑儿乞惕

消灭，

救回

孛儿帖夫人。

把全部合阿惕氏篾儿乞惕

粉碎，

救回

孛儿帖夫人。

把拍鞍鞴的声音

当作战鼓的响声，

吓得逃跑的脱黑脱阿,

是住在不兀剌川吧?

把箭筒口儿一摇动,

当作战争到来,

吓得逃跑的歹亦儿兀孙,

现在是住在斡儿洹河、薛凉格河①之间的

塔勒浑阿剌剌地方吧?

风吹蓬蒿,

以为敌人袭来,

争往黑林中逃跑的

合阿台答儿麻剌,

现在是住在合剌只原野,

不会在旁的地方吧?

勤勒豁河②

有很多的猪鬃草,

采集猪鬃草,

结成筏子。

我想很容易,

用草结成筏子,

横渡过

宽广的勤勒豁河,

打破那篾儿乞惕部人

---

① 斡儿洹河、薛凉格河即今蒙古人民共和国的鄂尔浑河和色楞格河。
② 勤勒豁河即今蒙古人民共和国的齐兰河,源出肯特山。

坏蛋脱黑脱阿的窗门，

掳掠他的财物，

抢夺他的妻女，

杀绝他的儿童，

报此深仇大恨！

把他们的福神，

打得粉碎，

撒扬野外！

把他们的全部部众

一扫而光！"

106.札木合又令回去对帖木真安答、脱斡邻勒王罕二人说：

"现在我

祭罢了鲜明的（远处能看见的）大纛，

击打着黑牛皮糊的

咚咚有声的战鼓，

拿起钢枪，

穿起铠甲，

扣上有挑皮的箭，

骑上骏马，

带领全部大兵，

去征伐合阿惕氏篾儿乞惕，

我将出发战斗。

祭罢了庄严的大纛，

敲着牛皮鼓，

穿起连环铠甲，

拿起锋利战刀，

扣上攻坚穿壁的箭，

骑上快马，

率领数万大兵，

去和那些坏家伙篾儿乞惕，

决一死战！

脱斡邻勒王罕兄出发，经不儿罕山前，和帖木真安答一同到孛脱罕孛斡儿只地方。我从这里带一万兵出发，路上再带领上住在斡难河原先帖木真安答所属的兵一万，共为二万兵，到孛脱罕孛斡儿只地方会师。这样打发他们两人回去。

107.合撒儿、别勒古台二人把札木合的这些话告诉了帖木真。帖木真又传达给脱斡邻勒王罕。脱斡邻勒王罕一听札木合的话，就带领二万兵出发，经不儿罕山前，向客鲁涟河不儿吉地方前进。帖木真得悉，从不儿吉地方出动，迁往不儿罕山前，在塔纳小河边住下。脱斡邻勒王罕带一万兵，其弟札合敢不带一万兵驻于乞沐儿合小河岸的阿亦勒合剌合纳地方。帖木真带兵来和他们会师。

108.帖木真、脱斡邻勒王罕、札合敢不三人会师，来到斡难河的孛脱罕孛斡儿只地方。这时札木合已经到达等候了三天。札木合看到帖木真、脱斡邻勒王罕、札合敢不的兵，遂将他所率领的两万大兵列开阵势。帖木真、脱斡邻勒王罕、札合敢不三人也把他们的队伍整顿布置起来，大家相会了。札木合说："虽然逢雨，但不失约；虽然遇雨，但不误期，我们不是用蒙古话这样誓言过吗？诺言而误时迟到，要从同班里革除出去。"脱斡邻勒王罕说："由于失约迟到三日，札木合弟的责备是对的，任凭你办吧。"关于失约问题，大家这样地说过了。

109.由孛脱罕孛斡儿只地方出动，到了勤勒豁河，乘筏渡过，到达不兀剌川地方，从脱黑脱阿别乞的天窗上打下去，打破他们的神供，抢掠了他们的妇女儿童，摧毁了他们的福神，征服了他们的全体部众，一扫而光。脱黑脱阿别乞本来正在睡觉，可以捕捉的，但是住在勤勒豁河的渔夫和捕貂鼠的猎人们说："敌人来了。"连夜来报知了脱黑脱阿别乞。听到这个消息，脱黑脱阿和兀洼思氏篾儿乞惕的歹亦儿兀孙二人带上少数的同伴们沿着薛凉格河向巴儿忽真地方①逃走了。

110.篾儿乞惕部的部众散亡，其夜沿薛凉格河溃逃。我军追捕那些逃亡的篾儿乞惕部人。帖木真在逃亡的人众中找寻孛儿帖。喊说："孛儿帖！孛儿帖！"孛儿帖兀真在逃亡的人众中听见帖木真的声音，从车上下来，和豁阿黑臣女仆跑来，捉住帖木真的马辔头和马缰绳。帖木真在月光下一看

---

①是现在贝加尔湖以东的地方。

是孛儿帖兀真，遂相抱见。帖木真于夜里派人去和脱斡邻勒王罕、札木合安答二人说："要找寻的人已经找到了，今夜可以停战，就在这里驻营吧？"逃亡的篾儿乞惕部人夜里不知逃往哪里去好，也就地宿下了。把孛儿帖兀真从篾儿乞惕人的手中搭救出来，和帖木真相会的经过就是这样。

111. 以前，兀都亦惕氏篾儿乞惕的脱黑脱阿别乞、兀洼思氏篾儿乞惕的歹亦儿兀孙、合阿惕氏篾儿乞惕的合阿台答儿麻剌三人率领三百人，来报复从前也速该把阿秃儿抢夺脱黑脱阿别乞的兄弟也客赤列都的妻诃额仑之仇。那时帖木真逃入不儿罕山。环山搜寻了三遍，未能搜出帖木真来；可是捕捉了孛儿帖兀真，给了赤列都的兄弟赤勒格儿孛阔收养。后来孛儿帖兀真就在赤勒格儿的家里。

现在赤勒格儿逃走，后悔说：

"可恶的黑老鸦，

只有吃残皮的命，

竟想吃天鹅，

那样地争夺。

我这坏蛋赤勒格儿

心思很高，

侵犯了兀真夫人，

给全篾儿乞惕人

带来了祸患，

失去了屏障。

逃出黑暗的深夜，

钻进岩石的夹缝，

将抛弃自己的头颅。

可恶的山鸟，

只有吃山鼠、野鼠的命，

竟想吃鸿雁，

那样的贪嘴。

我这该死的赤勒格儿，

抢夺来

有福的兀真夫人，

给全篾儿乞惕人，

造成了祸患。

我这该死的赤勒格儿，

我这颗坏脑袋，

连钻藏的地方也没有了。

残余的生命，

连逃跑的地方也没有了。

钻进黑暗的夹缝吗？

钻进山岩的空隙吗？

逃往哪里去呢？"

这样地说着逃跑了。

112.把合阿台答儿麻剌捉住了，给他带上板枷，送往不儿罕山。别勒古台听说他的母亲是在他家里，为了搭救母亲，从右门进去，他的母亲穿着破羊皮袄却从左门出去，对外面的人说：

"我的爱子，

已臻帝王大位，

我在这里，

在下贱人手里，

挨骂受气。

怎么还有脸去见

有帝王福气的儿子们？"

说罢，跑进深林中去。别勒古台从后面来赶，没有找寻到。因此，别勒古台那颜遇见篾儿乞惕部人就说："拿我母亲来！"一方面射杀着。把在不儿罕山攻打帖木真等的三百篾儿乞惕部人

连他们的子孙们，

像吹灰似的屠杀。

余下的妇女儿童，

掳作看门的奴隶。

有些貌容好的，

就优待收留了。

113.帖木真感激脱斡邻勒王罕、札木合二人说：

"脱斡邻勒罕父、

札木合安答，

同心协力，

上天的仁慈，

神人的保佑，

把世仇篾儿乞惕的

心肝挖出来，

消灭了他们的族类，

扫空了他们的居屋，

掳掠了他们的一切。"

把篾儿乞惕人这样征伐了回去。

114.兀都亦惕氏篾儿乞惕人慌忙逃跑后，在他们的营盘里遗弃一个戴貂鼠帽子，穿鹿蹄皮靴子，穿粉皮水貂鼠皮缀成的袄，目带光彩，面有精神的五岁小孩，名叫曲出。我军把他拾来，当礼物送给了诃额仑母亲。

115.帖木真、脱斡邻勒、札木合三人相合，

破坏了篾儿乞惕人的居屋，

掳掠了他们的美貌的妇女。

从斡儿洹河、

薛凉格河的林野回师。

帖木真、札木合两人从塔勒浑阿剌剌地方，向豁儿豁纳黑主不儿走去。脱斡邻勒王罕从不儿罕山后，沿诃阔儿秃树林，经过合察兀剌秃速卜赤惕、忽里牙秃速卜赤惕地方，一路上猎着野牲，返回土兀剌河的黑林去了。

116.帖木真、札木合二人在豁儿豁纳黑主不儿住下，提起了以前结成安答的事情，越发地亲密了。当他们俩以前结为安答的时候，帖木真才十一岁。那时札木合送给帖木真一个狍子髀石①，帖木真送给札木合一个铜灌的髀石，在斡难河的冰上打髀石游戏，而结为安答。其后春天，他们俩用小木弓射箭的时候，札木合把自己的用二个小牛角钻眼粘成的响髇头②，送给帖木真。帖木真把自己的柏木顶的髇头送给札木合，又结一次安答：两次结为安答的经过就是这样。

117.古语里曾说：

凡结为安答，

要相依为命，

要互相帮助，

要相亲相爱。

现在我们要相亲相爱。帖木真把从篾儿乞惕人脱黑脱阿掳掠来的金带子送给札木合扎上，把脱黑脱阿的多年不生驹的黑鬃黑尾马送给札木合骑上。札木合的回报，是把从兀洼思氏篾儿乞惕人歹亦儿兀孙掳掠来的金带子送给帖木真扎上，把歹亦儿兀孙的白驹儿马③送给帖木真骑上。这样又做了一次安答。

---

① 髀石，本是击兔所用，儿童当作玩具，在水上抛掷，视其远近为胜负。
② 髇头，就是箭头，不一定是骨头的箭头。
③ 白驹儿马，旧译作"有角的白马"，此处原文无"角"字。据秘史汉文音译本，应译作"有角的白驹儿马"。

在豁儿豁纳黑主不儿的

忽勒答合儿崖前

葱郁的树林中，

摆设了好宴席，

尽情跳舞、欢乐。

一心一意地

结成了好友。

夜里在一个被子里同宿。

118.帖木真、札木合二人亲如家人，同居了一年半。有一天，商量要从原牧地迁移到别处去。在四月十六日红日高升〔月圆的日子〕的那天，开始迁移。帖木真、札木合二人在车子前面走着。札木合说：

"帖木真安答啊！

依山居住，

牧马的人可得帐房住！

〔哎！这话对吧？——AT〕

靠水居住，

牧羊的人可得饮食吃！

〔哎！不是这样吗？——AT〕"

（前半是说马牧场应该依山，后半是说羊牧场应该靠河。）

帖木真不明白札木合这个话，什么话也未回答，等候着后边的车子来到，对他母亲诃额仑说：

"札木合安答对我说：

'依山居住，

牧马的人可得帐房住！

哎！这话对吧？

靠水居住，

牧羊的人可得饮食吃！

哎！不是这样吗？'

我不明白这个话，没有回答他，所以来问母亲。诃额仑母亲话还未说，孛儿帖兀真说："札木合安答喜新厌旧，现在又厌恶我们了吧？刚才札木合安答说的话，是讨厌我们的话。我们不要住下，继续走吧，离开札木合，连夜赶路吧。"

119.依照孛儿帖兀真的话没有住下，连夜赶路，路上经过泰亦赤兀惕人处，泰亦赤兀惕部人害怕了，连夜逃往札木合那里去了。我军在泰亦赤兀惕部的别速惕族的营盘里拾得一个小孩，名叫阔阔出，送给了诃额仑母亲抚养。

120.帖木真等连夜出走，天明一看，札剌亦儿族人合赤温脱忽剌温、合剌孩脱忽剌温、合剌勒歹脱忽剌温兄弟三人连夜迁来了。又有塔儿忽惕族人合答安答勒都儿罕等兄弟五人也来了。又有蒙格秃乞颜的儿子汪古儿等、敞失兀惕族人和巴牙兀惕族人率领所属也来了。又有把鲁剌思族人忽必来、忽都思兄弟们也来了。忙忽惕族人者台、朵豁勒忽扯儿必①兄弟二人也来了。孛斡儿出的弟弟斡格来扯儿必离开阿

---

① 扯儿必，是掌合罕宿卫的官名。

鲁剌惕族到其兄孛斡儿出处来相会。者勒篾的弟弟察兀儿罕、速别额台把阿秃儿离开兀良哈歹部来与者勒篾相会。又有别速惕族人迭该、古出古儿兄弟二人也来了。又有速勒都思族人赤勒古台、塔乞、泰亦赤兀歹兄弟们也来了。又有札剌亦儿族人薛扯朵抹黑领着阿儿孩合撒儿、巴剌两个儿子也来了。又有晃豁坛族人速亦客秃扯儿必也来了。又有速客客族人者该、晃答豁儿等带领着他的儿子速客该者温也来了。又有捏兀歹族人察合安豁阿也来了。又有斡勒忽讷兀惕族人轻吉牙歹、豁罗剌思族人薛潮兀儿、朵儿边族人抹赤别都温也来了。亦乞列思族人不秃为来作女婿也同来了。又有那牙勤族人冢率也来了。又有斡罗纳儿族人只儿豁安也来了。又有把鲁剌思族人速忽薛禅、合剌察儿带着儿子们也来了。又有巴阿邻族人豁儿赤、兀孙老翁、阔可搠思带着篾年巴阿邻族人的一圈子也来了。

121. 豁儿赤前来说："我们是孛端察儿祖宗捉来的妇人所生的后代，和札木合是一家，原来是同祖所出的人，因此不应当离开札木合。然而上天神人来指点给我看：一头惨白色的乳牛来围绕着札木合，来撞札木合和他的座车，一只角触斜了，说：'给我的角！'又向札木合触去，扬着土怒吼。又有一个无角的黄牛拉来一个大座车，从帖木真身后走来，吼着说：

'天地神祇都同意，
　使帖木真当国主，

现在把他送来了。'

这是天神亲自指给我看的。"

"帖木真,你!当了国主,我先报知了吉兆,你将怎样使我快活?"帖木真说:"我真的当了国主,封你做万户那颜。"豁儿赤说:"现在我把大政吉兆先报知给你,封我为万户那颜,还算快活吗?封我为万户那颜,从全国挑选美貌女子三十人给我做夫人,还要听我说的话!"

122. 忽难等格泥格思族人一圈子来了。又答里台斡惕赤斤一圈子也来了。札答阑族人木勒合勒忽也来了。又撒合亦惕族人温真也来了。他们从札木合那里离开,到达乞沐儿合小河的阿亦勒合剌合纳地方住下。那时又有离开札木合的主儿乞族人的莎儿合秃主儿乞的儿子撒察别乞、泰出二人①的一圈子、捏坤太子的儿子忽察儿别乞的一圈子、忽图剌合罕的儿子阿勒坛斡惕赤斤的一圈子,他们从札木合那里来到乞沐儿合小河的阿亦勒合剌合纳地方会合了。帖木真又从那里迁移到古连勒古山内的桑沽儿小河的合剌只鲁格的阔阔海子地方住下了。

123. 阿勒坛、忽察儿、撒察别乞大家会议后,对帖木真说:"请你做合罕。帖木真,你当了合罕,则我们:

---

① 按第49节斡勤巴儿合黑子名忽秃黑秃主儿乞。忽秃黑秃主儿乞子名撒察别乞、泰出两人。这里作莎儿合秃主儿乞的儿子撒察别乞、泰出。又第139节,也说斡勤巴儿合黑子名莎儿合秃主儿乞。似有误。

在每次战争中，
走在头前，
掳掠来
美貌的姑娘；
抢得来
美好的宫帐，
要奉送给你，帖木真。
出发征伐
外国的时候，
掳掠来
漂亮的妇人；
抢得来
善走的骏马，
要奉送给你，帖木真。
往野外围猎
野兽的时候，
把获得的野兽
我们奉送给你；
往林中围猎
野兽的时候，
把获得的野兽，
我们奉送给你。
往野外草原
围猎野兽的时候，

给你围赶的
使它们肚皮挨肚皮；
到山沟溪涧
围猎野兽的时候，
给你围赶的
使它们大腿碰大腿。
在作战的时候，
如果不遵从
合罕帖木真你
发布的命令，
你可以
撇弃我们的妻女，
没收我们的财物，
把我们的头颅
抛在荒郊野外；
在太平的时候，
如果不奉行
国主帖木真你
发布的命令，
你可以
收去我们的属民，
夺去我们的子女，
把我们的身体，
抛在无人烟的地方。"

说了这话,就共同宣誓,共上帖木真以成吉思合罕尊号。(成吉思合罕意为腾汲思合罕、达赖合罕二词,皆有大海合罕之意。)

124.成吉思即合罕位,孛斡儿出的兄弟斡格来扯儿必、合赤温,及者台、朵豁勒忽四个人带了弓箭。汪古儿、速亦客秃、合答安答勒都儿罕三个人说:

"早晨的膳食

不迟误;

晚上的饮食,

不缺少。"

就令他们为司厨。

迭该说:

"把美好的羊

牧放得肥胖;

把成群的羊

繁殖得满野。

生而好吃东西的我,

供你饮食不断。

肥肠白肉,

每日无缺,

每夜不误。

宰杀好羯羊,

给你准备好饮汤。"

就令迭该为司牧羊。其弟古出古儿说：

"有锁的车子，

不使它破坏，

有轴的车子，

行在车路上，

不使它停止。

我能把车厢

整治得很好。"

就令古出古儿为司车。令朵歹扯儿必管理宫中的妻女、子弟和仆人。令忽必来、赤勒古台、合剌孩脱忽剌温三人在合撒儿管下带刀，并对他们说：

"你们要

斩断逞能者的脖颈；

刺穿暴横者的胸膛。"

又对别勒古台、合剌勒歹脱忽剌温二人说："令你们牧马，为司牧马！"又对泰亦赤兀惕人忽图、抹里赤、木勒合勒忽三人说："令你们牧放马群！"又对阿儿孩合撒儿、塔孩、速客该、察兀儿罕四人说："令你们为远箭者、近箭者。（意为远近侦查者。）"

速别额台说：

"我要像老鼠似的

把收集的财产储藏起来；

我要像乌鸦似的

把所有的东西收拾起来；

我要像斗篷似的
作为屏障，
把宫室保护得
风雨不透！"

125.成吉思合罕做了合罕之后，又对孛斡儿出、者勒篾二人说：

"在我，除了影子
没有朋友的时候，
你们做我的影子；
在我，除了尾巴
没有鞭子的时候，
你们做我的尾巴。
提醒我的意念，
安慰我的心情，
心爱的好朋友。

你们二人最早来和我结交，所以应当为众人之长。"成吉思合罕又说："上天的仁慈，地神的佑护，离开札木合，想念着我而来的人是至上的有福有庆的朋友，任何人都要敬重，所以给你们都委派了相应的职务。"

126.成吉思合罕即合罕位，使塔孩、速客该二人往客列亦惕部脱斡邻勒王罕那里去送信。脱斡邻勒王罕说："我儿①帖木真做了合罕,很对。蒙古部众难道可以没有合罕吗?

不要破坏了自己的誓约,

不要毁坏了自己的决定,

有始有终,

义气到底!"

---

① 王罕曾与帖木真父亲也速该把阿秃儿结安答,故称帖木真为子。

第四章 和札木合及泰亦赤兀惕部的斗争

127. 以阿儿孩合撒儿、察兀儿罕二人为使,派往札木合处送信。札木合说:"给阿勒坛、忽察儿两人说,阿勒坛、忽察儿你们把帖木真安答和我们离间了,像在腰上刺一枪、胸上砍一刀一样地离去了!帖木真和我们在一起的时候为什么不奉他为合罕,现在又是什么缘故奉他为合罕?阿勒坛、忽察儿你们二人要实践诺言,使帖木真安答放心,作为帖木真安答的好朋友。"

128. 其后,在札剌麻山前的斡列该不剌合地方住的札木合的兄弟给察儿盗取我们住在撒阿里川①的拙赤答儿马剌的马群,给察儿把拙赤答儿马剌的马群盗取了。拙赤答儿马剌的马群被给察儿所盗,他的伙伴们不敢去追,拙赤答儿马剌

---

① 撒阿里川,旧译撒阿里,或撒阿里客额儿,客额儿即川。

独自一人去追赶,夜间追到马群旁边,伏在自己的马鬃上,把给察儿的脊梁射断致死,把马群赶了回来。

129."札木合因为他兄弟给察儿被杀,统率札答阑族十三部,将兵三万,越过阿剌兀惕土儿合兀惕山,前来攻打成吉思合罕。"亦乞列思族人木勒客脱塔黑、孛罗勒歹二人来到成吉思合罕住的古连勒古山地方报告。成吉思合罕得到这个消息,也率领十三圈子,将兵三万,去迎击札木合,在答阑巴勒渚惕地方会战。成吉思合罕被札木合所迫,退入斡难河的哲列捏的狭地。于是札木合说:"我们已经把他们赶进斡难河的哲列捏的狭地去了。"回师的时候,把赤那思族的青年①煮了七十锅,又砍下捏兀歹族人察合安豁阿的头系在马尾上拖着回去了。

130.札木合回师之后,兀鲁兀惕族人主儿扯歹、忙忽惕族人忽亦勒答儿等各率所属族人离开札木合,来投靠成吉思合罕。晃豁坛族人蒙力克父亲原在札木合处,现在也率领七个儿子,离开札木合,来投靠成吉思合罕。从札木合那里来了这么些部众,成吉思合罕大为欢喜。成吉思合罕与诃额仑兀真、合撒儿、主儿乞族人撒察别乞、泰出等饮宴于斡难河的树林中。成吉思合罕、诃额仑兀真、合撒儿、撒察别乞等都首先斟上了一杯酒,接着给撒察别乞的小妾额别该斟了一

---

① 赤那思,实为族名,旧译赤那思地面。青年,旧译作大王。

杯酒，豁里真合敦①、忽兀儿臣合敦二人大怒说："不给我们先斟酒，为什么先给额别该斟酒？"责打了司厨失乞兀儿。司厨失乞兀儿被责打了说："也速该把阿秃儿、捏坤太子死去了，所以我这样被人责打！"大声地哭喊。

131.那个宴会上我们这方面是由别勒古台主持宴会，给成吉思合罕去抓马。主儿乞族方面是由不里孛阔主持宴会。合答斤族的一个人偷盗了我们的下马处的马缰绳。不里孛阔袒护那个人，和别勒古台争吵起来。别勒古台常常搏斗，所以把右衣袖脱下，露出肩膀。不里孛阔用刀砍破了别勒古台的肩膀。别勒古台虽然被砍了，还是满不在意，流着血走来。坐在树荫下的成吉思合罕看见了，出来说："被谁砍的这个样子？"别勒古台说："早晨就成了这个样子，不要为我而责备兄弟们，我不要紧。我受的伤轻，兄弟们刚刚熟识，感情还好，不要为我去责备他。请息怒。"

132.成吉思合罕没有理别勒古台的劝告，从旁折取了一根树枝，又抽出捣马奶子的木杵就打，把主儿乞族人打败了，把豁里真合敦、忽兀儿臣合敦抢夺过来。〔合撒儿的箭射百发百中。别勒古台手持捣马奶子木杵相打。泰亦赤兀惕人把别勒古台抓起来，捆绑在车子上。后来又把别勒古台用车载来——AT〕，说是主儿乞人等愿意和好。我们这方面同意，也把豁里真合敦、忽兀儿臣合敦放还。

① 合敦，译言后妃。

那时，听说金国皇帝因为塔塔儿部人篾古真薛兀勒图不顺服，命令王京丞相带兵前往征讨。王京丞相和篾古真薛兀勒图等塔塔儿人作战，驱逐着牲畜溯浯勒札河①来了。成吉思合罕得到了这个消息。

133.成吉思合罕说："从前，塔塔儿是杀我们父祖的仇人。现在要去协助作战。"派使往脱斡邻勒王罕处说："金国的王京丞相溯浯勒札河来征讨篾古真薛兀勒图等塔塔儿。我们要去攻打那杀害我们父祖的仇人塔塔儿人。请脱斡邻勒王罕父立刻就来！"脱斡邻勒王罕听了这话，说："我儿（成吉思合罕）说得很对。我们要去助战。"第三天集合军马出发，就迎上了成吉思合罕。成吉思合罕、脱斡邻勒王罕二人派人去对撒察别乞等主儿乞族人说："请你们助战，一同去征讨杀害我们父祖的仇人塔塔儿。"等候了六天，不见他们到来。不能再等，成吉思合罕、脱斡邻勒王罕二人率兵去援助王京，沿着浯勒札河前进。到达浯勒札河的忽速秃失秃延地方、纳剌秃失秃延地方，看见篾古真薛兀勒图等塔塔儿部人修筑寨子。成吉思合罕、脱斡邻勒王罕二人攻破寨子把篾古真薛兀勒图等捕捉杀死。成吉思合罕掳获了银摇车和饰有珠宝的被子。

134.王京丞相得悉成吉思合罕、脱斡邻勒王罕二人捕杀了篾古真薛兀勒图，很是欢喜，赏给成吉思合罕以札兀惕忽

① 即今蒙古人民共和国乔巴山省的乌尔扎河。

里名号（札兀惕忽里，据拉施特哀丁解释是汉语"有力的官长"），赏给客列亦惕部长脱斡邻勒以王号。由于王京丞相赏给的王号，此后脱斡邻勒才称为王罕。王京丞相说："你们协助捕杀了篾古真薛兀勒图，这对金国皇帝很有功劳。我一定把你们的功劳奏给金国皇帝，请金国皇帝赏给成吉思合罕比现在还大的封号。"王京丞相这样高兴地回师了。成吉思合罕、王罕二人把塔塔儿部人分别掳掠了，也各自回师。

135.我军在塔塔儿人筑寨子的纳剌秃失秃延地方拾得一个小孩。看他，戴着金圈环子，穿着金丝肚兜。成吉思合罕把这个小孩带回去，当礼物送给了诃额仑母亲。诃额仑母亲说："这是好人的孩子，这是好家世的后代，排在五子之后，作为第六子吧。"赐名叫失吉忽秃忽。

136.成吉思合罕的老营（后方）在哈潓秃海子地方。主儿乞族人来袭击成吉思合罕留守后方的人，抢夺去五十个人的衣服，杀了十个人。我们后方的留守者，把这件事情报告给成吉思合罕，成吉思合罕大怒说："主儿乞族人为什么这样对待我们？在斡难河林中宴会上，他们打了司厨失乞兀儿，又砍伤别勒古台的肩膀。他们愿意和好，我们把豁里真合敦、忽兀儿臣合敦交还了。后来又为去报复杀害我们父祖的世仇，请他们来协助去征伐塔塔儿，等候他们六天，也没有来。现在公然和我们为敌了。"成吉思合罕出征主儿乞族。这时主儿乞族在客鲁涟河的阔迭额阿剌勒的朵罗安孛勒答合地方。大军一到，撒察别乞、泰出二人带着几个人逃走了。追赶到帖列秃山口，捕捉了撒察别乞、泰出二人。捉到了以后，成吉思合罕对撒察、泰出二人说："以前我们是怎样说的话？"撒察、泰出二人说："我们说的话未能实践，照着我们说的话办吧。"按照他们以前说的话，他们不践誓言，就把他们杀了。

137.斩了撒察、泰出二人之后，迁移主儿乞族百姓的时候，其中有札剌亦儿族的帖列格秃富翁的儿子古温兀阿、赤剌温孩亦赤、者卜客三人。古温兀阿带了他的两个儿子木合黎、不合来送给成吉思合罕说：

"给你做

看门的奴隶！

如果不好好地

看守门户，

割断他的脚后筋；

给你当

看门的仆人，

如果不尽力地

看守门户，

挖出来他的心肝！"

赤剌温孩亦赤带了他的两个儿子统格、合失，来送给成吉思合罕说：

"给你固守着

黄金的大门，

如果离开了

你的黄金大门，

就要他的命！

给你谨守着

宽广的大门，

如果离开了

你的宽广大门，

就挖他的心！"

者卜客跟了合撒儿。者卜客在主儿乞人营盘里拾得一个名叫孛罗忽勒的小孩，送给了诃额仑母亲。

138.诃额仑母亲在篾儿乞惕部营盘里拾得一个名叫曲出的小孩，在泰亦赤兀惕部的别速惕族的营盘里拾得一个名叫阔阔出的小孩，在塔塔儿部的营盘里拾得一个名叫失吉忽秃忽的小孩，在主儿乞族的营盘里拾得一个名叫孛罗忽勒的小孩，把这四个小孩抚养在家中。诃额仑母亲对儿子们说："要让他们当白天的眼睛，夜里的耳朵。"

139.主儿乞族的起源，是合不勒合罕的七个儿子的长子斡勤巴儿合黑的后代。斡勤巴儿合黑的儿子名莎儿合秃主儿乞，因为主儿乞的父亲是合不勒合罕的长子，所以从他所属的人民中挑选出：

手能挽弓的、

胸有胆识的、

器宇轩昂的、

口呵长虹的

勇士和艺人，

给了儿子。这一些有胆有识的人合起来，就名之曰主儿乞。〔英雄的英雄所生——AT〕的成吉思合罕把这些骄横的主儿乞人镇服了作为自己的心腹部众。

140.有一天，成吉思合罕命令不里字阔、别勒古台二人比武。不里字阔是主儿乞族人。最初不里字阔一只手把别勒古台捉住，用脚踏倒，压着不能动了。不里字阔有"国之勇士"的称号。这次和别勒古台比武，不里字阔也未失败，但是他故意跌倒，别勒古台遂把不里字阔的肩膀压着，从后裆翻上来，目睹成吉思合罕。成吉思合罕牙咬下唇。别勒古台会意，把不里字阔骑压住，双手扼住两肋，折断了他的腰。不里字阔腰被折断，说："别勒古台我并未失败，因为害怕合罕，故意跌倒，我把自己的命送了。"说罢死去。别勒古台把他的腰折断，又把他的尸体拖出去抛弃。合不勒合罕七个儿子：长子名斡勤巴儿合黑，次子名巴儿坛把阿秃儿，其子名也速该把阿秃儿。三子名忽秃黑秃蒙古儿，其子名不里字阔，搏斗时勇敢超过巴儿坛把阿秃儿的儿子们，并且和斡勤巴儿合黑的勇敢的子孙们友好。至此，"国之勇士"的不里字阔被别勒古台折断腰死去。

141.其后鸡儿年（1201年），合答斤族、撒勒只兀惕族相合着：合答斤族的巴忽搠罗吉首领们和合答斤、撒勒只兀惕族的赤儿吉把阿秃儿首领们；朵儿边族和塔塔儿部相合着：朵儿边族的合只温别乞首领们和塔塔儿部的阿勒赤及札邻不合首领们；亦乞列思族的土格马合首领们；翁吉剌惕部的迭儿格克、额篾勒及阿勒灰等首领们；豁罗剌思族的绰由黑及察合安首领们；从乃蛮部来的古出兀惕；乃蛮部的不亦鲁黑罕；篾儿乞惕部的脱黑脱阿别乞的儿子忽秃；斡亦剌惕部的忽都合别乞；泰亦赤兀惕部的塔儿忽台乞邻勒秃黑、豁敦斡儿长及［蒙古部的——AT］阿兀出把阿秃儿等等，泰亦赤兀惕等这些部落在阿勒灰地方聚会，共议推举札只剌歹族人札木合①为合罕，斩杀儿马、骒马共为盟誓。从那里沿额泇古涅河②移动，到达刊河③流入额泇古涅河的入口处的河洲岸上，共同推举札木合为古儿合罕。札木合即古儿合罕（天下共主）位，就商议去征伐成吉思合罕及王罕二人。豁罗剌思人豁里歹去把这个消息报告了住在古连勒古山的成吉思合罕。成吉思合罕获得这个消息，赶紧通知王罕，王罕就起兵来到成吉思合罕这里。

142. 王罕一来到，成吉思合罕就和王罕二人去迎击札木合，沿着客鲁涟河出发。成吉思合罕以阿勒坛、忽察儿、答里台三人为前锋；王罕以桑昆、札合敢不、必勒格别乞三人

---

① 札木合为札答阑族人，此处是用其族始祖札只剌歹名为族名。
② 即今中苏交界处的额尔古纳河。
③ 即今内蒙古的根河，在呼伦贝尔盟。

为前锋。前锋之前又有探哨，在额捏坚归列秃设一哨位，在扯克彻儿设一哨位，在赤忽儿古设一哨位。我们的前锋阿勒坛、忽察儿、桑昆等到达兀惕乞牙地方。赤忽儿古地方的哨望人员跑来报告说："敌人来了！"成吉思合罕获得了这个消息，为了再获得敌人的正确消息，不令停止，迎击上去，和敌人遭遇。问说：是谁？札木合的前锋是蒙古部人阿兀出把阿秃儿、乃蛮部人不亦鲁黑罕、篾儿乞惕部人脱黑脱阿别乞的儿子忽秃、斡亦剌惕部人忽都合别乞四人。我们的前锋和他们遭遇，双方议定明天对战。那时天色已晚，各自回到大营住宿。

143.明晨，两方会战于阔亦田地方。双方往返冲杀大战。不亦鲁黑罕、忽都合别乞二人有呼风唤雨的法术，就施展出了呼风唤雨的法术，但是所施的法术，反而自害了。他们的阵地泥泞难行，札木合等遂自己商议说："我们惹起了上天的恼怒！"军溃逃去。

144.乃蛮部的不亦鲁黑罕向阿勒台山①前的兀鲁黑塔黑地方走去；篾儿乞惕部人脱黑脱阿的儿子忽秃向薛凉格河走去；斡亦剌惕部人忽都合别乞为了争夺林木向失黑什黑地方走去；泰亦赤兀惕部人阿兀出把阿秃儿向斡难河走去；札木合把推举他为合罕的百姓抢掠了，向额洏古涅河走去。他们

---

① 即今新疆的阿尔泰山。

这样地溃去之后，王罕沿额洏古涅河追赶札木合；成吉思合罕向斡难河去追赶泰亦赤兀惕部人阿兀出把阿秃儿。阿兀出把阿秃儿回到自己的部众里，急忙率领着部众出走。阿兀出把阿秃儿、豁敦斡儿长整顿了残余的精锐的士兵，在斡难河的那边严阵以待。成吉思合罕到来，和泰亦赤兀惕人会战。一场大战，直到天晚，各就阵地宿营。逃难的百姓和战斗的士兵也混杂在一起宿下。

145. 成吉思合罕在战争中脖颈受伤，流血不止，很危险。太阳西坠，宿在战地上。者勒篾用口吸吮成吉思合罕的淤血，血染口唇，又不敢依靠别人，守坐在一旁，一直到半夜。他口吸的淤血，或咽或吐。过了半夜，成吉思合罕醒过来说："血干涸了，我很渴！"于是者勒篾把靴、帽和衣服都脱去，仅穿着裤衩，赤着身体，跑入敌营，爬上住宿在那里的百姓的车子，找寻马奶子。没有找寻到。因为慌忙逃难的百姓们未顾上挤马奶子。他未找到马奶子，就从车上盗取一大罐酸奶子拿回来。者勒篾的来去没被任何人发现，想是上天的保佑。者勒篾把酸奶子拿回来，又自己去找水，把酸奶子调和好，给成吉思合罕饮了。

成吉思合罕饮了三次，说："我的心里畅亮了。"坐起来。天已黎明。在他的跟前布满了者勒篾吸吐的血水。成吉思合罕看见了说："这是怎么啦？为什么不吐远一点呢？"者勒篾说："你正在危急当中，不敢远离。淤血咽的咽了，吐的吐了。我的肚子里已经咽了不少。"成吉思合罕又说：

"我这样躺着,你为什么赤身跑去?你如果被捕,不是要说出我是这样在卧着吗?"者勒篾说,"我想到了这一点,赤身而去,如果被捕,我对他们这样说:我愿意来投降你们,但是因为被发觉而被捕。正要杀我,把我的衣服都脱去了,身上仅剩一条裤衩未脱,我挣脱绑索逃出。我的话如果他们信以为真,就能给我衣服穿。我在那里只要得着一匹马,不是就可以骑上归来吗?我是这样想的。因此,在合罕你受伤的玉体安睡了的时候,转瞬之间我就去了。"成吉思合罕说:"现在我还说什么,以前我被三姓篾儿乞惕人所迫,他们围绕不儿罕山搜查三遍,你是救过我一次性命。现在又口吮我的淤血,救了我的性命。在慌忙紧急的时候舍命去到敌人的营中寻取饮料,搭救了我的性命。你这三次大恩,我是永远不能忘的。"

146.天明一看,宿在阵地上的敌兵已经在夜里溃逃。只有住宿的百姓未及和敌军一同逃走,还没有动。成吉思合罕为要收集那些逃难的部众,就到宿营地去收集那些逃难的部众,一个穿红袄的妇人大声哭喊:"帖木真!帖木真!"成吉思合罕听见了,使人去问:"谁家的妇人,这样啼哭?"那人上前一问,妇人说:"我是锁儿罕失剌的女儿,名叫合答安。我的丈夫大概已经被乱兵捕杀了吧?为了搭救我的丈夫,所以大声哭喊帖木真。"那人回来把她的话禀告成吉思合罕。成吉思合罕一听,驰马前去,下马和合答安相抱为礼。然而此时她的丈夫已经被我军杀了。成吉思合罕收集了那些部众,率大军驻营在那里。请来合答安,请她坐在上座。第二天泰亦赤兀惕部的脱朵格的属民锁儿罕失剌、者别二人到来。成吉思合罕对锁儿罕失剌说：

"我的脖颈上，

沉重的木枷，

你给我脱去；

我的衣领上，

紧系的枷锁，

你给我解去。

恩如父母，

我的尊兄，

为什么这样，

来得太晚呢？"

锁儿罕失剌说："我心中十分信任你。忙什么？如果忙着早来，泰亦赤兀惕的首领们，一定要像吹灰似的加害我遗留下的妻子和牲畜，所以我不能早来。现在是来在合罕这里了。"成吉思合罕听了这话说："也对。"

147.成吉思合罕又说："在阔亦田地方往返作战时，从山上射伤了我的白嘴黄马的脖子的人是谁？"者别听了说："从山上射箭的人就是我。现在合罕把我

杀就杀。

你杀我

不过是溅污了

像手掌大的一块地皮。

倘若饶我，

赐我一命，

赴汤蹈火，

我也愿意。

横断黑水，

粉碎岩石，

扶保合罕。

征讨外敌，

横断深渊，

粉碎坚石，

全心全意，

扶佐合罕。

叫我到哪里，

我就到哪里，

去粉碎坚石，

去挖取人心！"

成吉思合罕说："敌人对杀害人的事情，多隐瞒不露。你不隐瞒杀害人的事情，老实地说出来。这种人是可以交朋友的。你的名字叫只儿豁阿歹，因为你在作战时，射了我的白嘴黄马的脖子，可以改名叫者别。就像我跟前的者别①似的保护我。"者别从泰亦赤兀惕部前来做同伴的经过就是这样。（成吉思合罕是掩饰了自己受伤，而说是自己的马受伤。）

---

① 者别，译言箭镞或枪刺。

第五章 塔塔儿部的消灭及与王罕的破裂

148.成吉思合罕征服了泰亦赤兀惕部,把阿兀出把阿秃儿、豁敦斡儿长、忽都兀答儿等泰亦赤兀惕人和他们的子孙们像吹灰似的杀光了,把他们的部众、百姓迁移来。成吉思合罕乃往忽巴合牙(豁合牙合)地方过冬。

149.成吉思合罕住在札合牧地,有一天,带着内部九大臣要去猎狩侦敌。降旨说:"任何地方,任何时间,敌人也许会来的。我的九大臣,可以分成三班值班!"遵照合罕的旨意,者勒蔑、搠马儿罕、失吉忽秃忽三人为一班;孛斡儿出、孛罗忽勒、木合黎三人为一班;速勒都思族人锁儿罕失剌、别速惕族人者别、斡亦剌惕部人合剌乞罗阔三人为一班,留守宫中。成吉思合罕率领六位大臣去猎狩侦敌,走到

察合来罕山之后，札勒蛮罕山之前，从合罕跟前

跑出来一只

大角野山羊。

合罕骑上青斑马，

急忙去追捕。

拉开了

硬胎弓；

扣上了

金杆箭，

立即射杀了

大角野山羊。

后面的大臣们，

急忙下马拾起来，

拴系在马鞍子上。

合罕降旨说："你们快把这只野山羊皮剥下来烧一烧，我登失剌迭卜桑山上去看一看。"说罢就去了。

合罕在那里瞌睡了，马鞭子挂在青斑马的鬃颈上睡着，做了一个梦。成吉思合罕醒来，对六位大臣说：

"我做了一个梦，

吓得我的心

怦怦乱跳；

吓得我的腿

直打哆嗦。

碰见了可怕的敌人，

一直冲上来。

高山的那面，

广阔的原野上，

有三杆大旗，

有三百敌人。

三百敌人的

先锋和勇士，

跨的是枣骝马，

扣的是锐利箭，

穿的是坚固铠甲，

抚摸着黑色胡须。

西面瞧一瞧，

东面望一望，

像针光在闪耀着一样；

像线丝在连贯着一样。

我做的这个梦如果是真实的事情，我的六位大臣，你们将怎样办呢？"

失吉忽秃忽说：

"以能看远方与近处的

两个锐利的目光，

使蒙古部人

为难；

使篾儿乞惕部人

为难；

使泰亦赤兀惕部人

　　躲藏起来。

　　看清一月的里程,

　　看透一年的里程。

　　以黑眼珠子,

　　扶助合罕;

　　以锐利眼睛,

　　保卫我主。"

者勒篾说:

　　"不惜

　　自己的生命;

　　不惜

　　自己的牲畜。

　　跳过去

　　拳击暴敌;

　　跑上去

　　力打犯敌。

　　路上相逢

　　用枪挑;

　　马上相逢

　　用刀砍;

　　夺过来

　　那黑色大纛;

　　刺杀那

所有的人马；
踏毁那
风吹的大纛；
踏破那
飘扬的旗帜。
镇压、消灭
敌人的威势，
使他们
永远不能翻身。"

搠马儿罕说：

"我虽然不能上阵杀敌，
但是能保护你的国土。
我虽然不能冲锋陷阵，
但是能治理你的国政。
生性怯弱的搠马儿罕
在敌人来侵掠的时候，
我将预先对合罕讲，
我们要撤退远避。
当部众立定脚步之后，
我会以忠言帮助合罕；
当去征伐外敌的时候，
我将向成吉思合罕你，
敬献忠言，
以尽忠诚。"

孛斡儿出说：

"阻塞住

敌人的来路；

封锁住

敌人的进路。

保护你

恩主的玉体；

追随你

坚固的金身；

遵照你

指示的方向。"

孛罗忽勒说：

"作为你的

挡箭牌；

作为你的

护心镜；

作为恩主，

你的随身

武器！"

木合黎说：

"战败敌人，

捕捉俘虏，

摧折

犯敌的利刃；

消灭

逃敌的残兵。

在骏马的

尾上，

飘起云雾；

在乘马的

鬃上，

扬起来

美丽的

太阳的红光。

把战争

完全胜利的

好消息，

奏闻给合罕。"

成吉思合罕

 听到了忠勇的六位大臣的

 有办法的话，

 一气吃完了

 烧熟的大角野山羊肉。

 把马缰绳

 递给失吉忽秃忽，

 说道：

 "你去看我做的梦，

 是真的还是假的？"

失吉忽秃忽跨上了兔鹘马,
跑过了原野,
跨过了荒郊,
驰过了山谷,
越过了沟崖,
来到失剌迭卜桑山。
仔细用目一望,
飘扬着大纛的
那疯狂的敌兵,
正在向前逼近。
英勇的失吉忽秃忽
急鞭骏马,
往回跑来。
说道:
"我登上失剌迭卜桑山,
仔细用目望去,
遇见了
逼近而来的
三百名敌人。
没有认出来是
泰亦赤兀惕人;
没有认出来是
篾儿乞惕人;
也没有看出来是

蒙古人。只是向后面偷看一眼，和合罕所做的梦中的敌人是一样的。"

于是六位大臣披上铠甲，佩上挡箭牌，准备作战。这时候敌兵到来了。

英勇的大臣孛斡儿出

催动了豹花马，

去到敌人的阵前，

打探情由。

问他们的来意说：

"你们是什么人？如果是有礼貌的人，要讲道理！如果是有名望的人，要报名来！"他们说：

"我们来到这里，

不是为了报名，

而是为了决斗一场。"

孛斡儿出说：

"如果告诉了我实话，

可以和平地饶恕你们；

如果想动手，

我们就趁着阳光开始。"

于是那方面的人说：

"我们没有好听的名字

说给你们听。

我们是

猎人和渔夫。"

失吉忽秃忽说:"不用问他们的话了。认识出是泰亦赤兀惕人。不要再问,打呀!"孛罗忽勒下马,手持挡箭牌遮蔽着成吉思合罕,者勒篾从旁手持大刀跃入敌阵:

砍杀敌人,

杀开一条血路,

夺过来

三杆黑纛,

拿到山上,

倒插上了。

搠马儿罕不知什么时候逃跑了。孛斡儿出正在上前杀敌时,看见搠马儿罕,便说:"喂!搠马儿罕!为合罕主人这样效劳吗?你怎么像从洞里跑出来的兔子似的逃跑?"搠马儿罕回过头来,笑着说:"要想并肩作战,因为没有枪箭。"成吉思合罕从锦撒袋里抽出了利箭给了他。搠马儿罕仗起了利箭,张弓扣射,反复冲杀,射死敌人的首领,捉来一匹走马奉献给成吉思合罕骑上。成吉思合罕骑上那匹马一看,真是飞鸟一般,追风一样的快马。这样正在歼灭敌人的时候,孛罗忽勒头上中箭坠马,手持弓柄,用盾牌遮着身体立在那里。孛斡儿出正在向前杀敌,往后一看,对他说:"大丈夫就中箭而倒吗?你为什么像被人打掉了角的山羊羔似的徘徊呢?"于是孛罗忽勒从右边跳上马,拿着盾牌,不顾一切又杀上去。来犯的敌人把被杀的尸体带着逃跑了。成吉思合罕降旨说:

"对逃跑的敌人怎么办?"孛斡儿出说:

"福禄

送成佛的善人；

枪箭

送败走的敌人。

追呀！"成吉思合罕同意了他的话，追赶去。追到察亦秃察罕答剌地方赶上了，像狼入羊群似的杀死了一百名敌人。逃跑了二百名敌人。在这次战役里俘获了一百匹战马，五十副铠甲。

成吉思合罕为了感谢上天，登上山岗，展开鞍鞴，把带子挂在脖子上，祷祝说：

"我之所以能当国君，

不是靠我的强壮，

而是靠伟大的上天的仁爱，

我才当了国君。

由于上天的惠赐，

我歼灭了逆贼；

我之所以能当合罕，

不是靠我的勇敢，

而是靠伟大的上天的仁爱，

我才当了合罕。

由于上天的仁慈，

我歼灭了外敌。"

这样地跪拜了。从那里出发时，成吉思合罕对六位大臣大加赞誉。

对失吉忽秃忽赞说：

"击溃篾儿乞惕人，

打跑蒙古人，

战败泰亦赤兀惕人，

歼灭敌人的

是我的塔塔儿人失吉忽秃忽。"

对者勒篾赞说：

"善于猎取

野兽，

使骄傲的敌人

心惊。

当我没有乘马的时候，

给我捉来马骑；

当我渴了的时候，

给我佳酿来饮。

又伶俐，

又聪明。

很早以前，

就为国尽忠的

是我的兀良哈歹人者勒篾。"

对挪马儿罕赞说：

"遵旨而勿失；

奉令而无误。

射杀了

敌人的首领，

给我抢夺来

一匹好走马。

打破了

勇敢的敌人的，

战败了

叛逆敌人的，

是我的主儿臣惕人搠马儿罕。"

对孛罗忽勒赞说：

"是射箭的

屏障；

是穿箭的

盾牌。

头中箭

而不失鞍辔的，

是我的忽申人孛罗忽勒。"

对木合黎赞说：

"战胜敌人，

捕捉俘虏。

摧折

犯敌的利刃；

砍断

逃敌的脚后筋。

在骏马的尾上，

飘散起云和雾,

　　在乘马的鬃上,

　　扬起太阳红光,

　　断线不遗,

　　残针不弃,

　　一起收集来的

　　是我的札剌亦儿人木合黎。"

对孛斡儿出赞说:

　　"当我少年的时候,

　　去寻找八匹惨白色的马。

　　在太阳东升的时候,

　　和我相逢了以后,

　　一生忠贞的

　　纳忽伯颜的儿子,

　　我的勇士孛斡儿出!

　　当在部落里的时候,

　　像花牛犊似的驯顺,

　　但是遇见暴敌的时候,

　　像狮虎似的勇敢。

　　为了歼灭暴敌

　　不惜牺牲生命,

　　我的英雄孛斡儿出!

　　当友好的时候,

　　像黑牛犊似的驯顺;

但是遇见暴敌的时候,

像海青鹰似的勇猛。

为了歼灭外敌,

不惜洒出热血,

我的勇士孛斡儿出!

当谈笑的时候,

像群犊似的驯顺;

但是逢见暴敌的时候,

像猛兽似的勇敢。

为了歼灭暴敌,

不惜牺牲己身,

我的爱友孛斡儿出!

当游戏的时候,

像秋日晨霭似的祥和;

但是逢见暴敌的时候,

像海青似的勇猛。

一生忠贞的

我的密友孛斡儿出!

百折不回的

合罕的侍卫者

我的战友孛斡儿出!"

成吉思合罕赞罢六位大臣。孛斡儿出赞唱成吉思合罕说:

"有也速该把阿秃儿父亲,

有贤明干练的臣佐,

征服万国的

我们的世界共主成吉思合罕!

有诃额仑兀真母亲,

有贤明干练的臣佐,

有斡歌歹、拖雷儿子,

有大仁大慈,

使全世界的百姓,

都跪伏在你的跟前,

你的足下践踏了

所有的仇敌,

我们的至高无上的成吉思合罕!

只要有合罕在,

我们决不怕

外敌的侵袭;

只要有国主在,

我们决不怕

暴敌的来犯。

组织起所有的百姓,

像一个大家庭似的和睦,

去打击外敌!

热烈快乐地生活!

像鸿雁似的,

亲爱地聚居。

不要听信

坏人的谎言。

像海东青鹰似的，

要能跳能抓。

在战场上，

不惜洒出

最后一滴热血。

不要像鸳鸯似的

损害自己的爱子。

杀敌的时候，

不惜自己的生命。

在亲族里边，

不要失去和睦。

和暴敌作战，

要奋不顾身！"

孛斡儿出是这样赞唱的。

　　[成吉思合罕歼灭了三百名泰亦赤兀惕人，回师牧地，和平幸福地住下了。——AT] 贫穷的巴阿邻族人失儿古额秃老翁和他的两个儿子阿剌黑、纳牙阿乘着泰亦赤兀惕部的那颜塔儿忽台乞邻勒秃黑跑进树林里的时候，把他捕捉了。塔儿忽台乞邻勒秃黑身体胖，不能骑马，就把他放在车子上，[要送给帖木真]。正在行走之间，塔儿忽台乞邻勒秃黑的子弟们从后边追来要抢劫。他们一到，失儿古额秃老翁便把不能动作的塔儿忽台按倒仰卧，坐在他的腹上，抽出刀来说："你的子弟们要来抢你。合罕虽然没有杀你，

但是现在已经有人来劫夺你,而且要来杀我。现在杀你我也是死,不杀你我也是要被杀。所以使你垫背而死吧!"用刀刃对着塔儿忽台的喉咙。塔儿忽台乞邻勒秃黑向他的子弟们大声哭着说:"失儿古额秃要杀我!我如果被杀,剩下的死尸还有什么用?乘我未被杀的时候,你们赶快回去!帖木真是不会杀我的。当帖木真被遗弃在无人的牧地里的时候,我看他的眼睛有光,面上明亮,是一个聪明的小孩子,我把他带回来。我像教三二岁马驹似的教养他。在那个时候我很容易把他害死,但是我慈育了他。现在帖木真心里也会记着那回事吧?帖木真不会杀我的。我的子弟们赶快回去!失儿古额秃要杀我。"大声地哭喊,他的子弟们听见了商议说:"我们是来搭救父亲的生命的。如果失儿古额秃把我们的父亲杀了,没有气的尸体还有什么用?现在还未被杀,我们回去吧。"说罢回去了。他们一散去,躲避泰亦赤兀惕部的失儿古额秃老翁的儿子阿剌黑、纳牙阿二人回来了。失儿古额秃老翁就和他的儿子一同带上塔儿忽台前进。到了忽秃忽勒讷兀惕地方,纳牙阿说:"我们把这个塔儿忽台捉住了,成吉思合罕将以我们是捕捉了自己的领主的没有信义的百姓,而不信任我们,并且会把我们作为欺负领主的百姓而加以斩首吧?现在把塔儿忽台在这里释放,我们去见了成吉思合罕可以这样说:'我们是来给成吉思合罕效力的。我们曾把塔儿忽台捉来,由于纳牙阿儿子说我们怎么能够把自己的领主捕捉了献给外人呢?恐怕受责备,在路上把他放回去,我们自己来归顺。'"父子们同意了纳牙阿的话，就在忽秃忽勒讷兀惕地方把塔儿忽台乞邻勒秃黑释放了。失儿古额秃老翁和他的儿子阿剌黑、纳牙阿二人来谒见成吉思合罕。成吉思合罕问他们的来由。失儿古额秃回答说："我们虽然把塔儿忽台乞邻勒秃黑捉来了，但是走在路上，因为想到怎么可以把自己的领主捕捉献给外人，就把他放回去了。我们只是来给成吉思合罕效力的。"

成吉思合罕说：

"你们如果把自己的主人

塔儿忽台捕捉来，

我将以捕捉

自己的主人的

百姓不可信任，

还要把你们

和你们的同族

一并杀掉。

你们热心地

爱护自己的主人，

这是应该的。"这样表扬了纳牙阿。

150.后来，成吉思合罕在帖儿速惕地方，客列亦惕部人札合敢不前来做朋友。那时适逢篾儿乞惕部来袭，成吉思合罕和札合敢不二人把他们打退。在那里土绵土别干族、斡栾董合亦惕族溃散了的百姓，都来投降了成吉思合罕。客列亦惕部的王罕以前和也速该把阿秃儿交好，曾经结为安答。说起结为安答的原因是：王罕把他父亲忽儿察忽思不亦鲁黑罕的兄弟们杀害了，和他的叔父古儿罕打仗，被打败逃到哈剌温山①的山峡。后来从那里带了一百人逃走出来，来到也速该把阿秃儿那里。也速该把阿秃儿为了帮助他，亲自率兵把古儿罕赶往西夏②地方去了。又赠给王罕一些百姓和牲畜。因此结为安答。

151.其后，王罕的兄弟额儿客合剌怕被王罕杀害逃出去投降了乃蛮部的亦难察罕。亦难察罕出兵来攻，王罕逃避，连弃三城，逃往合剌乞塔惕③的古儿罕那里去了。他又和古儿罕感情破裂，叛变出来，经过畏兀儿的城、西夏的城，一路上挤着五个山羊的乳，刺着骆驼血作为饮食，来到古泄兀儿海子。成吉思合罕因为他从前曾和也速该把阿秃儿

---

① 哈剌温山，就是现在内蒙古的大兴安岭。本书第206节又作哈剌温只都山。

② 西夏，旧译作合申，是河西对音，是当时蒙古对西夏而言，地在今甘肃省银川及河西，东边到陕北一带。

③ 合剌乞塔惕，译言黑契丹，即西辽。其地在今新疆的伊犁，西迄苏联的斜米列契一带。

结为安答，特派塔孩把阿秃儿、速客该者温二人前去迎接。成吉思合罕又亲自到客鲁涟河的源头去迎接。[从属民里]征收税物给饥饿贫弱而来的王罕使用，安置他在牧地里住下。那年冬天，成吉思合罕和他一同迁移到忽巴合牙地方过冬。

152. 那时王罕的弟弟、那颜等共同商议说：

"我们这位罕兄，

是像吹灰似的

杀戮我们亲族，

是个心怀恶意

不成器的人物；

把自己的亲兄弟

都杀完了。

跑到合剌乞塔惕那里

去乞求保护。

不爱自己的国家，

挨受着艰难困苦。

这怎么办？他在七岁的时候，被篾儿乞惕人捕去，穿着黑花山羊皮袄，在薛凉格河的不兀剌川，给篾儿乞惕人捣米过活。忽儿察忽思不亦鲁黑罕父打败了篾儿乞惕人，才把自己的儿子救出来。后来又在十三岁的时候和他母亲一同被塔塔儿部的阿泽合罕掳去，使他放骆驼。又从那里和阿泽合罕的牧羊者一同逃出回到家来。此后因为惧怕乃蛮人又逃往撒儿塔兀勒①的地方的垂河②的合剌乞塔惕的古儿罕那里。在那里住了一年,又逃跑了,经过畏兀儿和西夏,路上挤着五个山羊乳,剌着骆驼血作为饮食,仅有一匹瞎眼黑鬃黄尾马,末路穷途来到帖木真这里。帖木真征收税物供养他;然而现在他又忘了这些事情,又起了恶念。"这些话由于阿勒屯阿倏黑禀告给王罕,并且说:"我也参与了他们的议论。但是因为舍不得合罕,所以把所听到的话来禀告你。"王罕就令把说这些话的人——他的兄弟和那颜:额勒忽秃儿、忽勒巴里、阿邻太子等,捕捉起来。王罕的兄弟札合敢不乘机逃走投往乃蛮部。王罕把逮捕起来的兄弟们关在一个屋子里,说:"你们说在畏兀儿地方、西夏地方,怎样来着?你们乱说什么?"遂口唾他们的脸面,房子里所有的人也都起来口唾他们的脸面,然后把他们释放了。

153. 冬天过去了,狗儿年(1202年)的秋天,成吉思合罕要去征伐答阑捏木儿格思③地方的察阿安塔塔儿、阿勒赤塔塔儿、都塔兀惕塔塔儿、阿鲁孩塔塔儿之前,发布命令说:"歼敌的时候,不要抢夺财物,把敌人打败了,他们的东西都成了我们的俘获品,应当分用。如果后退,应即返回

---

① 撒儿塔兀勒,旧译回回地面,就是花剌子模国。本书第182节原注为突厥斯坦,第254节原注为在中亚突厥斯坦。
② 今新疆伊犁的吹河。
③ 塔塔儿部居地,在今内蒙古呼伦贝尔盟中蒙交界合勒合河附近。

原阵地。不返回原阵地者斩！"就颁布了这个命令。在答阑捏木儿格思地方打败了塔塔儿人，追击到兀勒灰失鲁格勒只惕地方，把塔塔儿人完全消灭了。当消灭察阿安塔塔儿、阿勒赤塔塔儿、都塔兀惕塔塔儿、阿鲁孩塔塔儿等的首领（贵族们）[捕掳属民]时，阿勒坛、忽察儿、答里台斡惕赤斤三人违犯了军令，抢夺财物，未能实践誓言，未能遵照军令。成吉思合罕使者别、忽必来二人去没收了他们抢掳的牲畜和财物。

154.灭亡了塔塔儿部，捕掳了他们的百姓之后，成吉思合罕召集了亲族①商议如何处理这些部众和百姓，在一个大帐房里开会讨论。他们议论说：

"现在为了消灭

自古以来

迫害我们父祖的

这些坏塔塔儿人，

要把他们像车轴高的人，

不用问就杀死。

余下的妇女和儿童，

分给各家，

作为守门的奴隶。"这样地议决了。别勒古台从帐房里出来。塔塔儿部人也客扯连问说："你们议论的什么话？"

---

① 此处所说亲族，原文作 Адтанурyr，译言黄金氏族。

别勒古台说："决定要把你们像车轴高的男人们都杀死。"也客扯连听到别勒古台这个话，急忙去传知那些塔塔儿人，他们齐集于山寨上。因为攻打山寨，我军受损失极重。集聚于山寨上的塔塔儿人听说被捕后，像车轴高的人都要被杀，一齐说："和你们同归于尽！"每一个人都袖了一把刀，所以攻打时我军受了很大的损失。把塔塔儿人像车轴高的男子都斩杀了，成吉思合罕降旨说："我们亲族大会议，别勒古台泄露出去，以致我军遭受了这样大的损失。此后，不准别勒古台参加大会议。会议时，别勒古台在外面治事，审问斗殴、偷盗和欺骗的案件。会议完毕，饮酒以后，别勒古台及答里台斡惕赤斤二人才可以进来。"

155.成吉思合罕娶塔塔儿人也客扯连的女儿也速干为妃。也速干合敦对成吉思合罕说："合罕恩赐！我想起了一个人。我的姐姐也遂比我还美，应配嫁给合罕做妃子。但是在这次的动乱中，不知道哪里去了。"成吉思合罕说："你的姐姐如果真的长得比你还漂亮，就使人去找她。你姐姐一来，你能让位给她吗？"也速干合敦说："合罕恩赐！能把我姐姐找来，我立刻让位给她。"成吉思合罕根据这个话，就下令找寻。原来也遂和她的丈夫一同逃避在树林中行走，我军追上去把也遂捉住，她的丈夫逃跑了。也速干合敦看见自己的姐姐，实践前言，就让位给她，自己居于下位。像也速干合敦所说的一样，也遂合敦确实是漂亮。成吉思合罕很宠幸她，封她为妃。

156.征伐了塔塔儿部以后，有一天，成吉思合罕在室外，坐在也遂合敦、也速干合敦二人中间饮酒。也遂合敦长叹了一声。成吉思合罕心中生疑，把孛斡儿出、木合黎二人叫来说："你们二人把集合在这里的人们一部一部地分开。自己部里面，不准有外部的人。"这样把那些百姓一部一部地分开。一个青年男子无部可归。问他说："你是什么人？"他答说："我是塔塔儿人也客扯连的女儿的女婿，因为逃避敌人逃走。现在战事已经平定，在众百姓中想也不会被识破的。"把这话报告给成吉思合罕。成吉思合罕降旨说："那个人心怀恶意，独自流浪到这里，打算怎样？像他那样比车轴高的人，不是都斩杀了吗？还有什么说的？快斩了！"就把他杀了。

157.成吉思合罕去征伐塔塔儿部时，王罕追赶脱黑脱阿别乞到达了巴儿忽真脱窟木地方，把脱黑脱阿的长子脱古儿别乞杀了，把他的女儿忽秃黑台、察阿仑二人和他的妃子掳来。又把他的儿子忽秃、赤剌温二人和他的百姓掳来，但是这些俘获他一点也未送给成吉思合罕。

158.后来成吉思合罕、王罕二人出发去征讨乃蛮部的古出古惕不亦鲁黑罕，走到兀鲁黑塔黑山的淌豁黑水处，不亦鲁黑罕不能抵抗，翻越阿勒台山逃走。成吉思合罕和王罕二人，从淌豁黑水去追赶不亦鲁黑罕，越过阿勒台山，沿忽木升吉儿地方的兀泷古河①追赶。他们的那颜也迪土卜鲁黑正在放哨，被我们的哨兵驱逐，往山上逃跑，马肚带断绝被捕。沿兀泷古河追赶不亦鲁黑罕，到达乞湿泐巴失海子，在那里把他们消灭了。

159.成吉思合罕、王罕二人从那里回来，乃蛮部人可克薛兀撒卜剌黑，在巴亦答剌黑别勒赤儿河的牧地上整军，准备截杀。成吉思合罕和王罕二人也整军前来，时天色已晚，所以预备明天开战而宿营了。到了夜间，王罕在他的宿营地方虚燃烟火，溯合剌泄兀泐河走开了。

160.那夜里，札木合和王罕一同行动，札木合对王罕说："帖木真安答以前就和乃蛮人有使臣来往，现在是不会同我们一起行动的。

罕！罕！我是
像不用操心不远飞的
白翎雀儿一样，
是常和你在一块儿。
帖木真安答是
像能飞翔的鸟，
会忽然叛变的。
罕！他和你分离了，

---

① 兀泷古河，今名乌伦古河，在新疆伊犁哈萨克族自治州。

想是投降乃蛮部去了吧？

看看他，不会来了。"

兀卜赤黑台族人古邻把阿秃儿听了札木合的话，说："为什么这样谄佞？谗害贤明的兄弟呢？"

161.成吉思合罕那夜在当地宿营，天亮起来想要作战，一看王罕的宿营地空无所有，就说："你欺骗了我们，弃营走去！"成吉思合罕立时出动，渡过额垤儿阿勒台的谷口，没有停留，到达撒阿里川地方住下。在那里，成吉思合罕、合撒儿二人对于乃蛮部的复杂情况有些了解，但是未对任何人讲说。

162.乃蛮部人可克薛兀撒卜剌黑把阿秃儿追赶王罕，把桑昆的妻子、财产和百姓都抢掠了。又追击王罕于帖列格秃山口地方，又抢掠一些属民和牲畜才回去。跟随王罕的篾儿乞惕人脱黑脱阿的两个儿子：忽秃、赤剌温乘机带着自己的百姓逃往薛凉格河他父亲那里去了。

163.王罕被乃蛮部人可克薛兀撒卜剌黑把阿秃儿所击败，遣使去对成吉思合罕说："乃蛮人把我的妻子和财产都抢夺去了，请求你派遣四杰①前来帮助夺回我的属民和财产。"成吉思合罕就集合军马，派孛斡儿出、木合黎、孛罗忽勒、赤

---

① 四杰就是：孛斡儿出、木合黎、孛罗忽勒、赤老温四人，为成吉思合罕四员大将，号称四杰。

老温四杰带兵前去。四杰到达之前，在忽剌安忽思地方作战的桑昆马腿受伤，险些被俘。成吉思合罕的四杰到来，把他营救出来。又把他的妻子和财产都夺回来。那时王罕说："以前帖木真的好父亲（也速该把阿秃儿）给我营救了逃散的部众，现在帖木真又派四杰来营救了我失去的部众。天地神鉴，我是一定要报恩的！"

164.王罕又说：
"我的安答也速该把阿秃儿，
把我逃散的部众
给我集聚了；
他的大儿子
成吉思合罕
把我逃散的部众
给我收集了。
他父子二人，
救助我的部众，
是为谁帮忙？
是为何辛苦？
我已经成了老翁，
依靠高山，
枕着干草，
这样去世的时候，
我的散乱部众，

谁能够管辖？

我这脱斡邻勒王罕，

离开家室，

进入石屋，

我的全部属民，

看管的人，

在什么地方呢？

我这脱斡邻勒王罕

远离开帐殿，

进入布帐房，

我的娇惯部众，

由谁来管理呢？

虽有亲兄弟，

但不会执政；

是一些没有能耐的人。

虽然有一个儿子桑昆，但是他没有亲信的人，所以如果再以帖木真为桑昆之兄，有这两个儿子，我就安心了。"于是成吉思合罕、王罕二人会晤于土兀剌河的黑林中，举行了结为父子的典礼。因为以前王罕和也速该把阿秃儿结为安答，所以成吉思合罕视王罕为父，就这样结为父子。他们在这里商议说：

"与敌作战，

共同杀伐；

猎取野兽，

共同努力。"

成吉思合罕、王罕二人又商议说：

"以毒蛇般的口，

来离间我们，

来中伤欺骗，

我们不要上当，

我们俩要见面，

断绝祸害根源。

如果以毒蛇的牙，

离间我们的友爱，

破坏我们的和睦，

我们不要生疑心，

要当面说清楚，

祛除一切疑窦。"

立下了这样的誓言，和睦地住下来。

165.其后，成吉思合罕为了亲上加亲，想要求桑昆的女儿察兀儿别乞给拙赤为妻，并要把自己的女儿豁真别乞给桑昆的儿子秃撒合为妻。桑昆很骄傲自大地说："我们的女儿到他家，常常坐在门后看正面；他们的女儿到我家，是坐在正面看前门。"这样的自大，轻视我们，不赞同把察兀儿别乞许嫁给我们。因此成吉思合罕就不满意王罕和你勒合桑昆。

166.札木合知道了成吉思合罕与王罕不睦,猪儿年(1203年)的春天,札木合和阿勒坛、忽察儿、合剌乞塔惕人额不格真那牙勤、雪卜额台、脱斡邻勒、合赤温别乞等共同商议,往者者额儿山后的别儿客额列惕地方,和你勒合桑昆会晤。札木合离间说:"我的安答帖木真曾经遣使往乃蛮部的塔阳罕处,和他们是有来往的。

他虽然口头上

说是父子,

但是他心里

别有怀抱。

你还信任他吗?如果再迟了,不知你们的结果将怎么样呢?你们如果去攻打帖木真,我从旁帮助。"阿勒坛、忽察儿二人说:"我们

去把

诃额仑母亲的孤儿们

给你杀其兄长,

吊其幼弟。"

合剌乞塔惕人额不格真那牙勤说:

"给你绑着他的手,

捆着他的脚。"

脱斡邻勒说:"想法子去掠夺帖木真的部众。破坏了他的部众,他还有什么办法呢?"合赤温别乞说:"你勒合桑昆,我关心你,我为你到百尺竿头,到九仞深渊都愿意。"

167. 你勒合桑昆差遣撒亦罕脱迭额把这些话去禀告王罕父亲。王罕听了这些话，就说："对帖木真儿子可以存这样坏心眼吗？我们正依靠帖木真儿子，对他如果有异心，上天也不允许。札木合是在背地里中伤离间的人，他是搬弄是非的人。"这样没有依从，打发使者回去了。桑昆又派人去说："活人亲口说的话，父亲你为什么不信呢？"反复遣人去说，都没有结果。最后亲自去对他父亲说："现在你还活着的时候，他就不把我们看在眼里。如果罕父你一旦被白饭呛着，被黑肉噎着①，则你的忽儿察忽思不亦鲁黑罕父辛苦收集来的部众，艰难建立起的部众，我们是不能管领了。"王罕说："怎么能把自己的子孙舍弃呢？正在依靠人家，就对人家起异心，上天是不容我们的。"你勒合桑昆儿子恼怒了，夺门出去。王罕因为痛爱儿子，又把桑昆召唤回来说："怕上天不容，哪能够舍弃自己的儿子？你们如果有办法，怎么样做，你们自己会知道去做的。"

168. 桑昆说："现在他要来求我的察兀儿别乞为婚。可以请他来吃'不兀勒札儿'，来时就逮捕他。"（"不兀勒札儿"一语，意为吃羊颈喉肉。蒙古青年男女结婚之日起，连吃三天羊颈喉肉的风俗，直到现在，蒙古地方还存在。羊颈喉的骨头很坚韧，用它祝贺夫妻百年好合。故"吃羊颈喉

---

① 这二句是喻年老去世。

肉"，意为男女成婚喜宴。)① 就这样决定，使人去对帖木真说："许给察兀儿别乞，请来吃'不兀勒札儿'。"成吉思合罕带领十个人往王罕那里去。走在路上，在蒙力克父亲家里住宿。蒙力克父亲说："以前我们去求察兀儿别乞为婚，他们轻视我们不给。现在忽然请吃喜宴，真是奇怪。自大不理我们的人，忽然又要许给察兀儿别乞，这是有疑问的。孩子你要谨慎些。现在到了春天，你借口说我们的马瘦，等到肥时再去。把这件事缓一缓怎么样？"成吉思合罕听从了他的话，自己不去，派了不合台、乞剌台二人前去吃喜宴。成吉思合罕从蒙力克父亲家里回去了。不合台、乞剌台二人一到，桑昆等说："我们的事情被发觉了，明天早晨一同去袭击捉拿他。"

169. 他们决定去捉拿成吉思合罕。阿勒坛的兄弟也客扯连回家说："明天早上要去捉拿成吉思合罕。如果有人把这话去告给成吉思合罕不知道要得到怎样的赏赐？"他的妻子阿勒黑亦惕说："你这些废话，怎么可以出口？被旁人听见当真的似的。"他们这话恰巧被来送牛奶的牧人巴歹听见。巴歹回去把也客扯连的话对他的牧人同伴乞失里黑说了。乞失里黑说："我再去探听一下。"他到扯连的帐房去。扯连的儿子纳邻客延坐在外面磨箭。纳邻客延说："我们刚才说的

---

① 不兀勒札儿，按《元史》卷一《太祖纪一》注："布浑察儿，华言许亲酒也。"旧译作喜婚筵席。

什么话？口舌要谨慎。"这样纳邻客延又对牧人乞失里黑说："把我的白马和枣骝马抓来拴上，明天早上要出门。"乞失里黑回来对巴歹说："你所说的话完全是真的。现在我们去给帖木真送信。"这样议定。抓来白马和枣骝马拴在帐房外面。到晚上，杀了一个羊羔，燃烧木铺板煮熟，骑上拴在外面的白马和枣骝马，夜里驰往成吉思合罕那里去。巴歹、乞失里黑二人在成吉思合罕的帐房后边①，把也客扯连说的话，及他的儿子纳邻客延磨箭准备和抓拴白马和枣骝马这些话完全禀报给成吉思合罕。巴歹、乞失里黑二人又说："成吉思合罕恩赐：对于我们的话不要迟疑，他们是议定前来捉拿你的，这是千真万确的。"

---

① 因成吉思合罕规定，夜间奏事的应在帐房后。

第六章 客列亦惕部部众的消灭

170.成吉思合罕听了巴歹、乞失里黑二人的话，确信不疑，连夜通知随身亲信人等，弃掉笨重的东西，轻骑出发。到达卯温都儿山后，使兀良哈歹部人者勒篾在后面巡哨，继续走到第二天的太阳偏西的时候，到了合剌合勒只惕额列惕地方休息下来。正在那里休息，阿勒赤歹的牧人赤吉歹、牙的儿二人往好草场上去放马，看见沿卯温都儿山前经忽剌安不鲁合惕而来的敌人践踏的尘土飞扬，急忙把马赶回来。又仔细一看，果然卯温都儿山前的忽剌安不鲁合惕地方尘土飞扬。成吉思合罕看见尘土飞扬，知道王罕追来了，使人抓起马，整军出发。如果不是预先发现了那尘土，就会被敌人突然袭击。这时札木合和王罕一同赶来。王罕问札木合说："帖木真儿子能同我们交战的人是什么人？"札木合说："跟随他来的有兀鲁兀惕族人、忙忽惕族人。他们是能征战的吧!

"旋转而来,

冲入战阵;

跳跃而来,

攻入战阵。

手执着

花旗的

那些骇人的人众,

从幼年起,

就熟练打仗。

王罕你!

要小心些!"

王罕听了这话说:"这样我们就以合答黑吉为首的只儿斤族的勇士们前去冲杀;其后以土绵土别干族的阿赤黑失鲁为援;其后再以斡乐董合亦惕族的勇士为援;其后又以豁里失列门太子率领王罕的一千护卫军为援;其后则我们的大军主力继进。"王罕又说:"札木合弟!你管理(统领)我们的全军。"札木合出去对同伴们说:"王罕叫我统领全军。我是打不过帖木真安答的。还叫我统领全军!看起来王罕还不如我,不过是暂时的友好而已。我去告知帖木真安答吧。让安答坚定信心!"札木合暗中派人去对成吉思合罕说:"王罕曾经问过我。问我帖木真儿子能和我们作战的有什么人?我回答说:是兀鲁兀惕族、忙忽惕族的勇士们。王罕就派只儿斤族的勇士为首；其后派土绵土别干族的阿赤黑失鲁为援；〔其后〕派斡乐董合亦惕族为援；其后派豁里失列门太子率领王罕的一千护卫军为援；其后王罕自率大军主力继进。王罕又曾说：札木合弟！你统领全军，这样信任我。由此看起来，〔这个王罕〕是个平常不中用的家伙。自己不能统带自己的兵。我以前和帖木真安答交战，没有打过你，而王罕比我还不如。〔所以〕安答，你不要害怕，坚定信心！"

171.成吉思合罕听到这个消息，说："兀鲁兀惕族人主儿扯歹伯父你以为如何？派你当先锋！"主儿扯歹还没有回答，忙忽惕族人忽亦勒答儿薛禅说："我给帖木真安答打头阵。我如果遗下孤儿，请帖木真安答给我照料着！"主儿扯歹说："我们兀鲁兀惕族、忙忽惕族给成吉思合罕打头阵！"于是主儿扯歹和忽亦勒答儿薛禅二人整队，准备给成吉思合罕打前锋。正在这时，只儿斤族所领导的〔敌军〕冲上来了。他们一来，兀鲁兀惕人、忙忽惕人迎击上去，把只儿斤人打败了。然后土绵土别干族的阿赤黑失鲁冲来了。阿赤黑失鲁把忽亦勒答儿刺伤坠马。忙忽惕人看见了急忙返身来营救忽亦勒答儿。主儿扯歹率领兀鲁兀惕族兵力战，战败了土绵土别干人，追赶上去，斡乐董合亦惕人迎战而来。主儿扯歹又把董合亦惕人打败，追赶上去，豁里失列门太子率领一千护卫军迎战而来。主儿扯歹又把豁里失列门太子击退。桑昆未得他父亲王罕的许可就来迎战，脸腮中箭落马。桑昆受伤落马，客列亦惕部人都集合来抢救。就这样打败了他们。

太阳衔山的时候，我军收兵去把受伤坠马的忽亦勒答儿救回来。晚上，成吉思合罕离开和王罕作战的地方，往别处去宿营。

172.在那里住宿，天明，点视〔人数〕不见了斡歌歹、孛罗忽勒、孛斡儿出三个人。成吉思合罕说："和斡歌歹一起，他的亲信同伴孛罗忽勒、孛斡儿出二人落伍了。无论是生是死他们是不会分离的。"我军夜里把马抓起来住宿。成吉思合罕说："如果敌人来袭击，就打！"这样吩咐下去准备了。天明，见一个人回来，一看是孛斡儿出。成吉思合罕拍着胸膛说："长生天知道！"就问孛斡儿出。他答说："作战时我的马受伤坠马，我徒步跑着，乘着客列亦惕人集聚去救桑昆的机会，捉了一匹驮马，割断驮物，我骑上去，循着我军的踪迹回来的。"

173.不多时候，看见一个骑马的人来了。看去像一个人，下边有像人足似的东西下垂着。来到近前一看，斡歌歹后面叠骑着孛罗忽勒（孛罗忽勒把斡歌歹抱在鞍子上）。孛罗忽勒的嘴角上染满了血。因为斡歌歹脖子中箭受伤，孛罗忽勒用口给他吸吮流血，流血染满了他的嘴角。成吉思合罕一见，流下眼泪，心中很难过。就燃起火，烙治斡歌歹的伤口。使斡歌歹先去饮水，安眠。又准备敌人如果来了好作战。孛罗忽勒说："沿卯温都儿山前的忽剌安不鲁合惕地方尘土飞扬，敌人已向那边逃走了。"成吉思合罕听了孛罗忽勒的话，就说："敌人如果来犯，我们就和他打。敌人往哪里逃，我们就整队去追杀。"遂由那里出发，向浯勒灰河及湿鲁格泐只惕河前进，到达了答阑捏木儿格思。

174.此后，合答安答勒都儿罕抛弃了他的妻子回来。合答安答勒都儿罕述说王罕的话说："王罕对于他的儿子桑昆脸腮中箭落马，曾说：

'想要灭亡

别人，

你可怜的身体

受伤了；

想要侵犯

旁人，

你可爱的脸腮

中箭了。

为了受伤的

亲爱的儿子，

要去打敌人！'

阿赤黑失鲁说：

'我的罕主，

必须小心从事！

[以罕主为首，

属民们一起]

去救起受伤的儿子。

放声痛哭，

悲哀祷告，

泪流满面，

前去寻找，

这才找到了。

对于贵子桑昆

应当好好抚养。

有很多蒙古部人跟随着札木合、阿勒坛和忽察儿等在我们这里。跟随着帖木真出去的蒙古人能跑多远？他们乘马必在树林住宿。（他们每人仅有一匹马，没有住处，所以要钻进树林去住宿）。如果他们不来投降，我们去像拾马粪似的把他们抓来。'

王罕对于阿赤黑失鲁的话，说道：'啊，那样的话，恐怕儿子有危险。照看儿子吧！'他们就从战地回去了。"

175.成吉思合罕从答阑捏木儿格思顺合勒合［河］①移动，途中点视军马，有二千六百人。这样成吉思合罕自带一千三百人沿合勒合河西岸而行。另外一千三百人由兀鲁兀惕族人、忙忽惕族人率领沿合勒合河东岸而行。这样走着，一路上打猎为粮。在打猎的时候，忽亦勒答儿因伤口还未好，不听成吉思合罕的劝告，追击野兽，伤口崩裂死去，把他的尸体埋葬在合勒合河的斡儿讷屼山半崖上。

---

① 合勒合河今仍旧名。

176.成吉思合罕听说在合勒合河流入捕鱼儿海子的发源处,住有帖儿格、阿篾勒台、〔斡罗篾勒台——AT〕等流浪的翁吉剌惕部人,就说:"这些翁吉剌惕人,从古到今,都是以男容女貌闻名。去晓谕他们,大概可以招降的。如果反抗,就攻击他!"命令主儿扯歹领着兀鲁兀惕族的百姓去招降了翁吉剌惕人。成吉思合罕对投降的翁吉剌惕部丝毫没有惊动他们。

177.成吉思合罕招降了翁吉剌惕部,由那里移动,到达统格黎小河东岸居住。以阿儿孩合撒儿、速客该者温二人为使,派往〔王罕那里〕去说:"我们住在统格黎小河的东岸。这里的牧草长得好,我们的马也吃肥了。对罕父这样说:我的罕父为什么生气?为什么叫我害怕?为什么不让你的不肖的儿子,不肖的媳妇平安睡眠呢?

推翻了
我的座位;
扰乱了
我的生活。
为什么突然间
你要灭亡不肖的儿子?
我的罕父!你,
为什么听信了
旁人的谗言?
坏人说了儿子我,

毁谤的恶言，

害得我们分离了。

我的罕父！我们两人是曾经怎样说过的？在勺峏合勒忽山的忽剌阿孛勒答黑地方①，我们两人是怎样说过的？

'以毒蛇般的口

来离间我们，

来中伤欺骗，

我们不要上当，

我们俩要见面，

断绝祸害根源。'

不是这样说过吗？现在我的罕父，你没有当面同我说过，为什么就要害我？

'如果以毒蛇的牙，

离间我们的友爱，

破坏我们的和睦，

我们不要生疑心，

要当面讲清楚，

怯除一切疑窦。'

不是这样说过吗？现在，我的罕父，你没有亲口对我讲，为什么离去呢？我的罕父！我虽然少，但也不次于多的，虽然坏，但也不次于好的，[是可以给你做同伴的。]两个辕子的车如果有一个辕子折断，牛就不能挽曳了。我不

---

① 旧译作忽剌阿讷兀，按第164节，成吉思合罕与王罕盟誓结为父子，是在土兀剌河的黑林中，说的下面的话。

是像你的那样一个车辕子吗？两个轮子的车，如果有一个轮子破坏，就不能行动了。我不是像你的那样一个车轮子吗？以前忽儿察忽思不亦鲁黑罕父有四十个儿子，以你为长，而使你为罕。你当了合罕，就把你的台帖木儿太子、不花帖木儿两个兄弟杀了。你的另一个兄弟额儿客合剌惧怕被害，逃往乃蛮部的亦难察必勒格罕那里去了。因为你杀害了你的弟兄们，你的叔父古儿罕前来讨伐，你仅带着一百个人，沿着薛凉格河逃走，进入哈剌温的山峡里去。以后你谋以自己的女儿忽札兀儿兀真嫁与篾儿乞惕部人脱黑脱阿，才得从山峡里出来。到了我的罕父也速该那里，乞求说：'请给我搭救被叔父古儿罕抢去的部众。'我的罕父也速该为了给你搭救部众，遂使忽难、巴合只二人率兵出发，到达忽儿班帖列地方，〔战败〕古儿罕，〔他〕仅带二三十人逃往西夏地方，给你把部众营救出来。那时你在土兀剌河的黑林中和也速该罕父结为安答。王罕父，你感激地说：'你的恩赐，子子孙孙〔也不忘〕报答这个恩德，天地共鉴！'后来，〔你的兄弟〕额儿客合剌从乃蛮部的亦难察必勒格罕处乞师来伐。你抛弃了部众，带了少数几个人逃命。合剌乞塔惕的古儿罕住在撒儿塔兀勒地方的垂河的时候，你到了那里。在那里不到一年，又离开古儿罕，经过畏兀儿、西夏，路上挤着五个山羊乳，刺着骆驼血为饮食前来。听见你这样穷困，想起我的罕父也速该以前曾和你结为安答，我派塔孩、速客该者温二人去迎接你。我也曾亲往客鲁涟河的不峏吉额峏吉地方去迎接过你，我们在古泄兀儿海子相逢了。因为你穷困，征收税物供应你，又因你曾和我父结为安答，依礼我们二人又在土兀剌河的黑林里结为父子。那年的冬天，请你在我的牧地里居住。过了冬天，又历夏及秋，去征伐篾儿乞惕人脱黑脱阿。作战于合迪黑里黑你鲁兀地方的木鲁彻薛兀勒地方，把脱黑脱阿别乞赶往巴儿忽真脱窟木，占领了篾儿乞惕部，把所有的牲畜、家室和粮食都俘获了。我把这些东西都送给罕父你。

你在饥饿的时候，

我供养了你；

你在孤苦的时候，

我援救了你。

又，我们把古出古惕不亦鲁黑罕从兀鲁黑塔黑（山）的溯豁黑水地方，赶过了阿勒台山，到达兀泷古河，在乞湿泐巴失海子把他捕杀了。从那里回来，乃蛮部人可克薛兀撒卜剌黑把阿秃儿，在巴亦答剌黑别勒赤儿河地方整军〔要迎战。我们二人也整军而来，〕因为天黑了，所以想于明天再战就宿营了。我的罕父你在宿营地虚燃烟火，夜里溯合剌泄兀泷河走开了。我们天明一看，你已经不在宿营地。'把我们像抛弃烟灰似的遗弃了。'我们说罢就移动了。渡过额垤儿阿勒台的别勒赤儿河，到达撒阿里川地方住下。追赶你的可克薛兀撒卜剌黑把阿秃儿，把桑昆的妻子和财产、属民都抢掠去。追击罕父你于帖列格秃山口地方，抢掠去你的一部分属民和牲畜。跟随你走的篾儿乞惕人脱黑脱阿的儿子忽秃、赤剌温二人乘机带领了他们的属民，逃往巴儿忽真脱窟木去和他父亲相合。那时你乞求我说：'我的财产和属民被乃蛮人可克薛兀撒剌黑抢掠了，请我儿派四杰前来搭救！'我不恼恨你那样的坏心眼，就派遣孛斡儿出、木合黎、孛罗忽勒、赤老温四杰带兵前往。我们的四杰到达之前，桑昆正作战于忽剌安忽思地方，马后腿受伤，险些被敌人捉去。适逢我们的四杰到达，救下了桑昆，又把属民、财产和妻子等都救出来。那时罕父你感激地说：'帖木真儿子打发他的四杰来，救出了我失掉了的部众。'现在我的罕父，我在什么事情上得罪了你，使你发怒？你可以派遣忽巴里忽里、亦秃儿坚二人为使前来说明你怪罪和发怒的原因。如果不派这二人来，也可以另派其他人前来。"这样遣使前去。

178.王罕听了这话，说："哎呀！
我离开了我的好儿子，
丧失了部众的威信；
我和可贵的儿子分裂，
做下了糊涂的事情。"

这样后悔着说："现在看见我儿〔帖木真〕，倘若再有坏心思，就像这个血流出不返！"发着誓用箭刀刺破小指，把流出的血，装进小桦皮桶里说："给我儿帖木真！"就打发人送去。

179.成吉思合罕又使人去对札木合安答说："你用黑心

眼离间了我的罕父。以前我们二人曾说谁起得早就以罕父的杯子饮［酸奶子］。因为我常常起得早先饮了，你也许嫉妒吧？现在你可以自由地用罕父的青杯痛饮了。看你能喝多少？"（这可能是提起成吉思合罕幼年在王罕家中的事情。）成吉思合罕又使人去对阿勒坛、忽察儿二人说："你们二人离弃了我，是想公开叛变呢？还是想暗中加害呢？忽察儿因为你是捏坤太子的儿子，我们说叫你做合罕，你不愿当合罕。阿勒坛你的父亲是忽图剌合罕，我们说你是会管理百姓的，所以叫你做合罕，你也不赞同。撒察、泰出二人和巴儿坛把阿秃儿的儿子相比是长支，但是叫他们做合罕，也不做，（他们二人也不赞同。）因为你们哪一位也不愿意做合罕，我才被你们推选出来做合罕，执掌国权。你们对我说过：'你如果当了合罕，我

在激战的时候，

在前面冲杀。

承蒙崇高的青天的

仁慈佑护，

去歼灭仇敌的时候：

掳得来漂亮的女子，

抢得来顶好的骏马，

奉献给国主你。

在森林猎兽的时候，

我们一定给你围赶到身旁；

在山崖猎兽的时候，

我们一定给你围赶到身边；

在山涧猎兽的时候，

给你围赶得大腿碰大腿；

在旷野猎兽的时候，

给你围赶得肚皮挨肚皮.'

现在你们在我的罕父那里，要忠实地友爱。人们说你是反复无常，不要再叛变出去。你们是札兀惕忽里（金国王京丞相赠给成吉思合罕的封号。参阅本书第134节）的亲族。三河①源头不要让外人侵占了。"这样派人去了。

180. 成吉思合罕又派人去对脱斡邻勒②弟说："称你为弟的原因，是以前屯必乃、察剌孩领忽二人在战争中捕捉来一个奴隶名叫斡黑答。斡黑答奴隶的儿子，名叫速别该奴隶。速别该奴隶的儿子名叫阔阔出乞儿撒安。阔阔出乞儿撒安的儿子名叫也孩晃塔合儿。也该晃塔合儿的儿子就是脱斡邻勒你。你妄想抢占谁的部众？我的部众阿勒坛、忽察儿二人谁也管不了吧？我称你为弟的原因就是这样。

从曾祖的时代，

你就是我们的命定的奴隶，

因为这样，

我才以良言来说。

---

① 王罕居处。三河，是指今蒙古人民共和国的土拉河、鄂尔浑河、色楞格河一带。

② 此人与王罕同名。

从高祖的时代,

你就是我们的天生的奴隶,

因为这样,

我才以忠言相告。"

这样派人前去。

181. 成吉思合罕又派人去对桑昆说:"我是罕父有衣而生的儿子,你是裸身而生的儿子①。罕父把我们二人一样地看待。因为桑昆——你的离间把我赶走了。现在你不要让罕父忧心,不要让罕父愁肠,早晚出入,要叫他称心如意。你以前想在罕父活着的时候为罕,不要这样使罕父忧愁!桑昆安答你可派必勒格别乞、脱朵延二人为使前来。"又说:"请罕父、桑昆安答②、札木合安答、阿勒坛、忽察儿、阿赤黑失鲁、合赤温各派二使到我们这里来!"阿儿孩合撒儿、速客该者温二人谨记这些话出发了。桑昆听到这话说:"以前曾骂我的父亲是屠夫老汉,现在又称起好父亲来。又曾说我是跟随着脱黑脱阿巫师的撒儿塔兀勒羊尾后头走的人③,现在说我是好安答了。这话的意思我知道了,是想作战的话。一点用不着踌躇。必勒格别乞、脱朵延你二人,喂肥自己的马,竖立起战纛!"从那里,阿儿孩合撒儿回去了,速

---

① 有衣而生的儿子,喻为义子。裸身而生的儿子,喻为亲子。

② 成吉思合罕与王罕为安答父子,所以也称桑昆做安答。

③ 随羊尾后走,是随在羊尾后取乳之意。喻成吉思合罕说桑昆天天想害王罕。

客该者温因为妻子在王罕的圈子处，不忍回去，就留下了。阿儿孩合撒儿一回来，就把他们的话回报给成吉思合罕。

182.从那里，成吉思合罕迁移到巴勒渚惕海子地方去居住。在那里住下以后，豁罗剌思族人搠斡思察罕带领着豁罗剌思族前来投降。又有从汪古惕部人阿剌忽失的吉惕忽里那里带着一千只羊，向住在额沲古涅河附近的居民收买貂鼠、青鼠的撒儿塔兀勒（突厥斯坦）人阿三骑着白骆驼，赶着羊，来到巴勒渚惕海子饮羊。成吉思合罕和他相逢了。

183.成吉思合罕住在巴勒渚惕海子的时候，合撒儿把自己的妻和三个儿子也古、也松格、秃忽等遗弃在王罕那里，带着几个同伴来寻找兄长成吉思合罕。当越过合剌温蹎都山岭①时，艰苦异常，路上连生皮条都做了食物，这样才找到了成吉思合罕。合撒儿一来，成吉思合罕很欢喜，就商议再使人往王罕那里去，就派沼兀列亦惕族人合里兀答儿、兀良哈歹部人察兀儿罕二人往王罕那里去，就说合撒儿曾说：

"合撒儿我离开你，
想念罕兄，
出来寻找，
但是连影子也未见。
虽然哭叫，

---

① 蒙古人民共和国肯特山的一个支脉。

但是一点消息也听不见,

不知道往哪里去了。

披星而宿,

枕土而眠。

(没有房子宿,

没有枕头睡。)

我的妻、子在王罕父那里。如果能够派一个亲信的人前来,我就往罕父那里去。"又对合里兀答儿、察兀儿罕二人说:"你们一走,我们就出动,往客鲁涟河的阿儿合勒苟吉地方,你们回来就到那里!"这样地约定。派走合里兀答儿、察兀儿罕二人以后,又使主儿扯歹、阿儿孩二人为先锋首先出发,最后,成吉思合罕就把全家迁移到客鲁涟河的阿儿合勒苟吉地方。

184.合里兀答儿、察兀儿罕二人到达王罕那里,把上述所谓合撒儿的话说了。那时王罕正在搭起金帐设宴。听了合里兀答儿、察兀儿罕二人的话,便说:"如果这样,合撒儿你来!我派亲信人亦秃儿坚前去!"亦秃儿坚与合里兀答儿、察兀儿罕到达原来约定的地方阿儿合勒苟吉,看见了很多的人马。亦秃儿坚发生〔怀疑〕往回逃。合里兀答儿的马快,追上去了,可是没有捉着,前后拦挡,察兀儿罕的马慢,距离亦秃儿坚后面仅有一箭远,就从后面一箭把亦秃儿坚的金鞍黑马的臀部射中落马。于是合里兀答儿、察兀儿罕二人把亦秃儿坚擒获,送给成吉思合罕。成吉思合罕未问亦秃儿坚的话，就叫"送给合撒儿！"送到合撒儿那里，也未和亦秃儿坚说一句话，立即斩杀了。

185.合里兀答儿、察兀儿罕对成吉思合罕说："王罕毫无准备，正在搭起金帐设宴。现在急速出发，夜里前去袭击。"〔成吉思合罕〕同意这个话，就命令主儿扯歹、阿儿孩二人为先锋，首先出发，随后全体连夜前进，到了者者额儿温都儿山的折儿合卜赤孩的山口，包围了〔王罕〕的驻地，激战三天三夜，到第三天，把他们攻下来了。一看，王罕、桑昆二人没有了。原来我们还不晓得他们俩在夜里逃走。参加这次战役的有只儿斤族人合答黑吉把阿秃儿。合答黑吉把阿秃儿投降来说："为了不让我们的合罕被擒，所以力战三天三夜。现在他们已经逃走了，所以我们来投降。叫我死就死。成吉思合罕如果恩赐活命，将为你出力！"成吉思合罕听了合答黑吉把阿秃儿的话，降旨说："不抛弃自己的主人，为了救护主人的生命而力战的丈夫，谁可斥责？这是可以做同伴的人。恩赐活命。兹因忽亦勒答儿死了，把合答黑吉所带的只儿斤族一百人给忽亦勒答儿的妻子做奴隶。他们生的男子，世世跟随忽亦勒答儿的子孙服务；所生的女子，他们的父母也不能自由出卖（出嫁）。把他们的子女给死去的忽亦勒答儿的妻子左右差使。"因为以前忽亦勒答儿曾最先开口说出〔忠言〕，所以成吉思合罕降旨说："因为忽亦勒答儿的忠诚，所以一直到他的子孙、孤寡都恩赐抚恤。"

第七章 王罕的灭亡

186.征服了客列亦惕部的百姓,各自分配妥当。分给速勒都思族的塔孩把阿秃儿一百名只儿斤族人作为奴隶。又王罕的兄弟札合敢不有两个女儿。成古思合罕把他的长女亦巴合别乞自娶为妃;次女沙儿合黑塔泥别乞给了拖雷。因此对于札合敢不所属的亲随百姓,没有捕掳。并且称札合敢不像车子的一辕,〔于我有助。〕这样恩赐了。

187.成吉思合罕又把王罕所居住的金帐,所用的金酒具、碗具和他收集的百姓,以及王罕身边的随从客列亦惕人等完全赐给了巴歹、乞失里黑。说:
"供你使唤,
替你捧碗,

给你冠戴，

子子孙孙，

永远享乐。

［你们二人：］

战场作战的时候，

自己获得的东西，

都可由你们处理！

围场打猎的时候，

自己猎得的野兽，

都可归你们所有！"

成吉思合罕又降旨说："巴歹、乞失里黑二人有救我性命的大恩，蒙上天佑护，荡平了客列亦惕部的部众，所以我获得坐上至尊大位。从今以后，直到子孙，凡是继承我的大位的人，都应当永远记住他们两位的大恩！"

掳掠的客列亦惕部众，

谁也没有缺少，

大家分配妥当了。

降服的土绵土别干族，

谁也没有缺少，

大家分配妥当了。

战败的斡乐董合亦惕族，

不到日暮，

就分配妥当了。

性好血战，

勇敢的只儿斤族，

也把他们分配开了。

灭亡了客列亦惕部，那年的冬天在阿卜只阿阔迭格儿①地方过冬。

188.王罕和桑昆二人逃跑出来，到了的的克撒合勒的涅坤水地方，王罕口渴了，前去饮水，遇见了乃蛮部的哨望人员豁里速别赤。王罕虽然对豁里速别赤说："我是王罕。"但是他不认识，也没有详细盘问，就把王罕捉起来杀了，桑昆没有去的的克撒合勒的涅坤水地方，绕道走去，往荒原地方去寻水，看见野马被蝇虻所咬，立在那里。桑昆下马，把马交给马夫阔阔出牵着，他去窥视野马。桑昆是和马夫阔阔出、阔阔出之妻三个人同行。这时马夫阔阔出牵着桑昆的马，就往回跑。他的妻子说：

"我的爱人阔阔出！

穿好衣的时候；

吃美味的时候，

曾经这样心疼抬举过你。

你现在反倒

抛弃了主人桑昆，

要逃跑吗？"

这样说着站下。阔阔出说："你要当桑昆的老婆吗？"

---

① 王罕故地黑林附近的地方。

他的妻子答说:"你把我当作像狗一样的无耻的东西吗?你把金碗抛去!留给他在没有办法的时候饮水。"阔阔出就把金碗向后抛去,点着马就走。马夫阔阔出前来投降,对成吉思合罕说:"把桑昆那样地遗弃于荒原地方才来的。"成吉思合罕降旨说:"赐其妻活命,马夫阔阔出遗弃了主人前来投降,乃是一个没有信义的人。"命令斩了。〔桑昆经过阿失黑城,到达土蕃①地方,虽一时居住在那里,但是被牧地的百姓逼迫,遂又逃走,去到合失合儿②地方。那里的那颜乞勒赤把桑昆捕杀,并把他的妻子送给成吉思合罕。——拉施特哀丁〕

189.乃蛮部的塔阳罕的母亲古儿别速说:"王罕是以前的大合罕。把他的首级拿来!如果真是他的话,应当祭祀!"使人往豁里速别赤那里把王罕的头割下拿回来,果然是真的。就把头放在白毡上面,奉祀馔乳,以子媳礼敬拜,弹琴奏乐,奉献馔乳奠祭。正在祭祀之间,王罕的头笑起来了。塔阳罕恼怒,就把王罕头践踏碎了。可克薛兀撒剌黑说:"把死去的王罕的头割来,践踏碎了,这是应当的吗?我们的狗吠出恶声了。以前亦难察必勒格罕曾经说:

'丈夫我老了之后,

---

① 此云到土蕃,当为西夏。《元史》卷一《太祖纪》:"王罕被杀,亦剌哈(即桑昆名)走西夏……既而亦为西夏所攻走,至龟兹国,龟兹国主以兵讨伐之。"

② 合失合儿即今新疆的喀什噶尔,那时是西辽属地。

>我的妻子还年轻,
>
>蒙上天的佑护,
>
>生了塔阳这个儿子。
>
>我的身体苗条,
>
>生性柔弱的脱儿鲁黑(塔阳罕名)儿子,
>
>能会管理
>
>我们的属民吗?'

现在

>黑狗
>
>吠出恶兆。
>
>古儿别速合敦
>
>总揽大权。
>
>塔阳罕你,
>
>是一个柔弱无能的人!

除了打猎之外,什么技能才干也没有。"塔阳罕说:"在东边住有少数的蒙古人。用各种方法把老王罕逼迫跑出来,现在王罕死了。他们占领了部众,有意当合罕吧?为了使天空更加明亮,有日月两个,地上怎么可以有两个罕呢?(地上为什么应该有两个罕呢?)现在去攻取那几个蒙古人。"他的母亲古儿别速说:"要做什么!那些蒙古人

>有恶臭气味,
>
>穿破乱衣服,

怎么去收拾他们?离远点才好。但是把他们的优秀俊美的姑娘、媳妇们抓来,使他们洗了手脚,还可以使他们挤牛奶和

羊奶。"塔阳罕说："不管他们怎样，（没有关系），我们去把蒙古人的弓箭夺过来。"

190.可克薛兀撒刺黑把阿秃儿听了这些话，说："你们是说大话。哎呀！我的脱儿鲁黑罕不要这样！"他虽然这样劝说，但是塔阳罕[没有听从]，派遣脱儿必塔失为使，去到汪古惕部的阿剌忽失的吉惕忽里那里说："东边少数的蒙古人嚣张起来，请你为右翼出兵；我从这里出兵，我们从两方面把那些蒙古人的弓箭夺过来。"阿剌忽失的吉惕忽里听了这话，说："我不能做你的右翼。"这样打发走了使者，就派月忽难为使，去对成吉思合罕说："乃蛮部的塔阳罕要抢夺你的弓箭。想要叫我做他的右翼，我不愿意。现在，我请你小心些！所以派使来告诉你。不要让敌人夺了你的弓箭。"那时成吉思合罕在帖篾格川①打猎，正在秃勒勤扯兀歹地方合围，听了阿剌忽失的吉惕忽里派来的使者月忽难的话，得到这个消息，就在猎地上商量"怎么办？"大家说："我们的马瘦。现在有什么法子？[秋后马肥再战。——拉施特]"斡惕赤斤那颜说："怎么可以借口马瘦？我的马是肥的。听到了这样的消息，还能坐着不动吗？[既然听到了这样的消息，就该立刻出战。坐着不动，如果被塔阳罕所擒，在这地方的蒙古人，被塔阳罕侵占了，那不是要遗留恶名吗？交战以后，谁胜谁负，是有天意的。——拉施特]"

---

① 在土拉河源附近。

别勒古台那颜说：

"生在世上，
如果失掉金箭筒，
活着还有什么用？
手执弓箭，
头枕箭筒，
把自己的尸骨抛弃荒野，
才真正是好男儿的
贵重的尸体吧？
听人说，乃蛮部的国土：
有广大的牧地，
有众多的人民，
有丰富的牲畜，
仗着自己势力强大，
才说出了这样大话。
我们乘机，
去攻打他，
占领他们的牧地，
夺取他们的弓箭，
是不难的。
现在我们去征伐，
他们来不及收拾马群，
一定要遗弃逃跑；
不会驮走宫室，

一定要遗弃逃避。
他们的众多属民，
将逃入树林里，
发生混乱吧？
现在听了这样的话，
决不可轻易放过去，
大家前去征战呀！"

191.成吉思合罕同意了别勒古台的话，停止围猎，从阿卜只阿阔迭格儿，迁移到合勒合河的斡儿讷屼山的客勒帖该合答地方住下，整顿军马。成吉思合罕分编了队伍，委派了千户、百户、十户以及[统领大]扯儿必等。朵歹扯儿必、朵豁勒忽扯儿必、斡格来扯儿必、脱栾扯儿必、不察阑扯儿必、速亦客秃扯儿必——在这里委派了这六位扯儿必官。把军队分成十户、百户、千户完毕，又特委派了八十宿卫（巡夜者），七十散班（亲兵）、护卫（番守者）。护卫由千户、百户的子弟中和平民（自由民）的子弟中有才干的，身体健壮的挑选出来。成吉思合罕特赐阿儿孩合撒儿恩旨说："你挑选一千名优秀的勇士，在战时，你做我的前锋，在平时你是我的亲随的护卫！"又降旨说："七十散班由斡格来扯儿必为首领导！和忽都思合勒潺共同协议行事！"

192.成吉思合罕又降旨说："箭筒士、散班、护卫、司厨、司阍、司牧马等，每天值班守卫。其职务于日落之前，交给宿卫人员,各自骑马出去住宿!宿卫人员站立门前值夜,围绕宫帐巡察!箭筒士、散班等候到我们吃早饭的时候就来,向宿卫人员交接任务,照旧值班守护!三天三夜值班完了,可以〔休息〕三夜!箭筒士等接换宿卫的任务也是如此!"这样把军队一千一千地分配妥当,委派了扯儿必官、八十宿卫、七十散班和护卫等。以阿儿孩合撒儿为精锐的勇士长。从合勒合河的斡儿讷峏的客勒帖该合答地方出发,去征伐乃蛮部。〔那个时候,篾儿乞惕人脱黑脱阿;客列亦惕部的一个那颜;以及逃亡的阿剌黑太子、忽都合别乞率领的斡亦剌惕部;札只剌歹族的札木合;朵儿边、塔塔儿、合答斤、撒勒只兀惕等部都和乃蛮部联合在一起。——拉施特〕

193. 鼠儿年(1204年)的四月十六日,红日高升的那天,祭祀了军旗出兵,使者别、忽必来二人溯客鲁涟河先去探哨。他们二人到了撒阿里川地方,和在康合儿罕山上的乃蛮部的哨兵遭遇。交锋之后,乃蛮部的哨兵捕去我们哨兵的一个带鞍子的瘦络皮马。乃蛮部的哨兵捉去那匹马说:"蒙古人的马瘦。"我们的大军到达撒阿里川,议论着"现在怎么办?"朵罗扯儿必对成吉思合罕奏说:"我们的兵少,而且路上走得疲倦了。可以先在这里稍驻,喂饱了马。在撒阿里川驻下,〔夜里〕每一个男子,每一个人都燃起五处火,用火光来虚张声势。乃蛮部人虽然是多,但是他们的合罕是没有出过门的愚弱之辈。我们用火光威吓他,他们看见一定会惊疑的。这时我们可以把马喂饱了,等待马匹休息吃饱,就去攻击乃蛮部的哨兵，一直攻到他们的中军，乘着他们慌乱打进去，这样如何呢？"成吉思合罕同意了这个话，便降旨说："点起火来！"号令全军。军队散开在撒阿里川，每人燃起五处火。乃蛮部的哨兵在康合儿罕山上夜里看见许多火光，说："谁说蒙古人少？有比星星还多的燃火。"遂把抓去的那匹带鞍子的络皮马送给塔阳罕，并向塔阳罕报告说："蒙古人的军队布满了撒阿里川。每天像水似的增加。有比星星还多的燃火。白天登山，夜间在旷野里点起像星星那么多的燃火。"

194. 哨兵去报告时，塔阳罕正在康孩的合池儿水地方。塔阳罕听到了这个话，使人去对他的儿子古出鲁克罕说："蒙古人的马瘦，听说有比星星还多的燃火，蒙古人不少呀！现在我们

> 如果和那些蒙古黑家伙打起来，
> 就难以脱离开。
> 枪刺在脸腮上的时候，
> 他们都不眨眼；
> 鲜血奔流出来的时候，
> 他们也不后退。
> 和这些坚忍的蒙古人，
> 不能轻易开战。

现在蒙古人的马瘦。我们先使部众越过阿勒台山，去整顿军马，引诱蒙古人上来，到达阿勒台山麓时，就和他开战。我

们的马肥，个个精壮。蒙古人的马瘦，又加上疲劳，那时候我们就给他个迎头痛击。"古出鲁克罕听了这个话说："塔阳罕像无知的妇人似的害怕了，才说出这样的话。蒙古人从哪里来的那么多？蒙古人大部分跟随札木合在我们这里。

连孕妇撒尿地方那么远
就没有走过；
连放小牛犊地方那么远
就没有去过，
妇人似的塔阳罕害怕了，
才说出这样的话。"
他用各种言语攻击
他的父亲塔阳罕，
使人去了。

塔阳罕听到他儿子漫骂他，把他比做妇人，说："儿子古出鲁克！
你虽然自恃刚强，
到了交战的时候，
也要比人不争气吧？
把那样的大话，
去向敌人发泄吧！
战斗一开始，
是不能随便罢手的。"

塔阳罕的属下大那颜豁里速别赤听了那些话，说："你的亦难察必勒格罕父，

和势均力敌的敌人作战，
未曾让敌人看见自己的脊背；
在作战的日子里，
未曾后退过战马。

现在你为什么对明天的事情丧失了信心？早知道你这样不争气，应当让你母亲古儿别速统率军马才好，可惜可克薛兀撒剌黑老了之后，军纪松弛了，使蒙古人有机可乘，我们会失败的。哎！脱儿鲁黑塔阳罕你是个无能的人。"说罢，敲着箭筒，骑上马走去了。

195.塔阳罕恼怒着说："活着受罪，和死去也差不多，既然这样，我们就打吧！"就从合池儿水，顺着塔米儿河前进，渡过斡儿洹河，沿纳忽昆山的东麓，到达察乞儿马兀惕地方。成吉思合罕的哨兵看见了，就去送信："乃蛮人来到了。"成吉思合罕得到这个消息，降旨说："人数多，死的也多，人数少，死的也少。"就迎击上去。驱逐了乃蛮人的哨兵，重新整顿军马，说：

"在灌木草丛里，
用尖刀厮杀吧；
在池沼边缘上
用拳击脚踢吧。
用锐利的武器，
短兵相接！"

于是成吉思合罕身先士卒，命令合撒儿统带主力军，命令斡惕赤斤那颜统带后备战马。乃蛮部从察乞儿马兀惕地方退去，顺着纳忽昆山的前麓建立了阵地。这时乃蛮部的哨兵被我们的哨兵所驱逐，跑到纳忽昆山前的主力军地方。塔阳罕一见，就问和乃蛮部一同来作战的札木合说："那个如入羊群，驱逐群羊的狼似的战士是什么人?"札木合说："是我的帖木真安答以人肉养育、用铁索拴着的四狗。驱逐我们的哨兵的就是那四狗。

铜硬的头，

锥利的舌，

钢铁的心，

钉凿的齿，

疯狗的四狗，

要屠杀万众，

挣脱了铁索，

流着馋涎，

径来捕食。

以露为饮，

以涎为食，

以风为骑，

以剑为友，

者别、忽必来为首，

者勒篾、速别额台为尾。

帖木真安答养育的四狗，

欢天喜地奔来了。"

塔阳罕说："那样的话，离那些家伙们远一点好!"后退往山上爬。塔阳罕又看见从后面跳跃着来的人们，问札木合说：

"像早放的马驹，

寻取母乳，

旋转撒欢，

跳跃来的

那几个人，

札木合兄知道吗？"

札木合说：

"吓跑武装的勇士，

夺取他们的弓箭；

杀退带刀的勇士，

夺取他们的财物，

那是兀鲁兀惕人、忙忽惕人吧？

他们壮志凌云，

在接战的时候，

高兴地跳起来。"

塔阳罕说："那样说，离那些坏家伙们远点吧！"后退到山上。塔阳罕又问："又在他们后面像饿鹰似的继续前来的人是谁？"札木合答说：

"他们后面来的，

是帖木真安答。

合罕帖木真，

他身穿铁甲，

全身连锥刺的空隙都没有；

他身穿重铠,

全身连针扎的空隙都没有。

好像饿鹰

翱翔而来;

好像怒兽,

跳扑而来。

你们乃蛮部不是说遇见蒙古人的时候,连山羊羔的蹄皮也剩不下,〔会被完全占领的〕吗?现在你们看!"塔阳罕听了这话,说:"哎呀!这样说,我们还要爬上山口去!"遂又往山上退,塔阳罕问札木合说:"又,他们后面来的野兽似的笨家伙是谁?"札木合说:

"诃额仑夫人

用人肉养育的儿子

勇猛的合撒儿,

就是他。

有力胜三牛,

而不屈的力气,

有餐食一个牛犊,

还不能厌饱的胃口,

身高数丈,

穿挂重铠,

残暴的合撒儿,

他要来搏食人们!

把带着弓箭的人,

完全吞下肚子,

贪食的合撒儿的喉咙,

一点也塞不住,

把一个人的整个身体,

完全吞下肚子,

可怕的合撒儿的巨口,

一点也噎不住。

一怒之下,

张开穿远的箭,

能射穿

山后面的人,

东倒西歪,

垂首毙命;

盛怒之下,

张开飞速的箭,

箭穿云霄,

旷野里的人,

应弦而倒,

血流成渠。

张弓射箭,

能够射到九百丈远;

张弓射箭,

能够射到五百丈远。

不是人一样的人。

是吃人的大蟒，

勇猛的合撒儿，

他是到来了！"

塔阳罕说："这样说，登上高山吧，往高处爬！"更往山上爬去。塔阳罕问札木合说："他们后面来的还有谁？"札木合说：

"那诃额仑母亲的幼子，

他的名字叫斡惕赤斤。

因为娇生惯养，

虽然早睡，

然而是有勇气的人。

因为是最末的儿子，

虽然晚起，

然而是有能力的男儿。

在作战时，

从不退阵，

斡惕赤斤把阿秃儿他来了。"

"这样说，爬到山顶上去吧！"塔阳罕说。

196.札木合对塔阳罕说了这些话，就离开了乃蛮部，派人去对成吉思合罕说：

"塔阳罕怕你，

钻进深山去。

他吓得发昏，

爬上高山去。

帖木真你强硬起来！

他们在慌忙逃走。

看来他们的军容，

毫无抵抗的能力。

我和同伴们离开了塔阳罕。"成吉思合罕在傍晚的时候，包围了纳忽昆山。夜里，乃蛮部人争相逃跑，从纳忽昆山上跌下来像倒挂的枝柴似的尸身累累，脑裂骨折。天明，塔阳罕力屈被擒。〔塔阳罕因为受了重伤，立刻丧命。——拉施特〕古出鲁克罕因为是在另一地居住，率领几个人逃走，到达塔米儿河，追兵赶到，想要立寨拒战，也没有敌住，又往前跑，往〔他叔父不亦鲁黑罕〕那里去了。在阿勒台山前征服了乃蛮部的部众，完全占有了他们的部众。〔札木合往西逃去〕跟随札木合的札答阑族、合答斤族、撒勒只兀惕族、朵儿边族、泰亦赤兀惕人、翁吉剌惕人等在那里投降了成吉思合罕。成吉思合罕把塔阳罕的母亲古儿别速捉将来，说："你不是说蒙古人有臭味吗？你现在为什么来了？"这样说了，成吉思合罕就娶了她。〔塔阳罕的部人有一个人逃跑。合撒儿说把他活捉来，他的部下遵照命令活捉来了。一看，怀里有一颗印。合撒儿说："你们的部众和军马完全投降了我们，你怀揣这个东西往哪里去！"那人说："这是我的职务，应当死守。我要把这颗印送给旧主。不小心被捉住了。"合撒儿说："你姓什么？担任什么职务？"那人说："我的祖先是畏兀儿部的百姓，我名叫塔塔统阿。我的主人把这个印交给我，叫我执掌钱粮出入的事务。"合撒儿又问："这个印有什么用。"塔塔统阿说："选贤任能，用于各种政令。"合撒儿极为称赞，称他为忠孝的人，报知帖木真。以后凡有公文，都令塔塔统阿盖上印。合撒儿拜塔塔统阿为师，学习书律、兵法和各种书文，不久学会了。——波慈特念也夫出版的《黄金简史》145页]①

197.鼠儿年的秋天，成吉思合罕和篾儿乞惕部人脱黑脱阿别乞作战于合剌答勒忽札兀儿地方。打败了脱黑脱阿别乞，追到撒阿里川地方，捕掳了篾儿乞惕部的部众。脱黑脱阿带着忽秃、赤剌温和少数的人逃走了。[成吉思合罕把忽秃、赤剌温的妻给了斡歌歹儿子。]篾儿乞惕部既被占领，兀洼思氏篾儿乞惕部的首领歹亦儿兀孙，[失去战意，]带着自己的女儿忽阑去见成吉思合罕，走在路上，遇着蒙古部的兵，被阻。歹亦儿兀孙遇见巴阿邻族人纳牙阿那颜，说："我要把这个女儿送给成吉思合罕。"纳牙阿那颜说："我们可以和你的姑娘一道去见吧！你若是单独走，在这个慌乱的时候，逢上了军队，就要害你，而且还会把你的姑娘污辱，所以我们一同走吧？你再等我三夜。"歹亦儿兀孙听从了他的话。从那里，纳牙阿那颜和歹亦儿兀孙二人带上忽阑，去送给成吉思合罕。成吉思合罕听说纳牙阿那颜叫忽阑在他家里住了三夜，很是恼怒："你们为什么叫忽阑在你的家等候

---

① 此段可参阅《元史列传》第十一《塔塔统阿传》。

呢?"说着就要严厉处分。忽阑说:"纳牙阿那颜曾对我说:'我是成吉思合罕的大那颜。我们一同去朝见合罕吧。路上可以避免被军队污辱。'我们如果不遇见纳牙阿那颜来帮助,我们可能被乱兵捉去,那不是给乱兵造机会吗?恰巧逢见了纳牙阿那颜,所以我没有失身。合罕恩赐,现在与其审问纳牙阿那颜,不如请验视我这上天所赐、父母所生的身体!"纳牙阿那颜也说:

"我的万众的圣主

成吉思合罕!

除了敬爱你之外,

我没有两条心!

凡是从敌国掳来的

脸子漂亮的妃子,

善走的骏马,

都作为合罕你的东西,

一点不敢占有,

诚心地给你看守,

除此以外,

我如果有三心二意,

胡作非为,

叫我死也不冤屈!"

成吉思合罕同意了忽阑的话,当即验视她,证实忽阑的话不假。成吉思合罕遂对忽阑加赐恩爱。也证实纳牙阿那颜的话是真的,就对他说:"你是说真话的老实人,可以委付大事!"

第八章 古出鲁克罕的逃亡及札木合的被杀

198.当灭亡篾儿乞惕部的百姓时，掳获脱黑脱阿别乞长子忽秃的妃子秃该和朵列格捏二人。成吉思合罕把朵列格捏给了斡歌歹合罕。有一部篾儿乞惕部众叛变出去，跑上了台合勒山上的寨子，据守抗命。成吉思合罕降旨说："令锁儿罕失剌的儿子沉白带领左翼军前去围攻据寨抗命的篾儿乞惕人。"就派他去了。

成吉思合罕去追击逃走的脱黑脱阿和他的儿子忽秃、赤剌温及其少数人马。在阿勒台山山阳过冬。牛儿年（1205年）的春天，越过阿来岭，适逢乃蛮部的古出鲁克罕和失掉部众仅带少数人逃出的篾儿乞惕人脱黑脱阿二人，在额儿的失河①

---

① 额儿的失河，就是现在的额尔齐思河，源出新疆伊犁哈萨克族自治州，流入苏联境内。

的不黑都儿麻地方一块儿整顿他们的军马。成吉思合罕袭至攻杀，脱黑脱阿身中乱箭死去。他的儿子来不及收拾他的尸体，把他的头割下来带着逃走了。在那里，乃蛮人、篾儿乞惕人等未能取胜，大败而逃，渡额儿的失河的时候，大部分坠到水里淹死。只有少数人渡过额儿的失河逃亡。乃蛮部的古出鲁克罕经畏兀儿的合儿鲁兀惕部地方，跑到在撒儿塔兀勒地方的垂河的合剌乞塔惕部的古儿罕那里去了。篾儿乞惕人脱黑脱阿的儿子忽秃、合勒、赤剌温等西向康里、钦察等部逃走。

成吉思合罕从那里回师，越过阿来岭，回到自己的行宫。那时沉白已经把盘踞于台合勒山上的篾儿乞惕人攻下了。成吉思合罕下令把篾儿乞惕人杀的杀了，余下的让各军分抢了。又先前投降的篾儿乞惕人也有在阿兀鲁兀惕（后方、故土）反叛的，令在那里的家人们把他们镇压下去。成吉思合罕降旨说："本来想教你们一同生存，然而你们反叛了。"于是把剩下的篾儿乞惕部人分配给各处。

199. 牛儿年，成吉思合罕降旨，赐给速别额台铁车，派他去追击脱黑脱阿的儿子忽秃、合勒、赤剌温等。临行时，命令他说：

"可恶的脱黑脱阿的
叛逆的儿子，
像带上套马杆子的野马
失去了知觉，

像受了伤的鹿,

歪斜着逃跑了。

回头射着箭,

仓皇地逃去。

被逐的忽秃、赤刺温等,

生长翅膀,

就是飞上青天去,

英勇的速别额台,

你变成勇猛的海青鹰,

也把他追捕来!

坏蛋脱黑脱阿的儿子,

变成愚蠢的土拨鼠,

就是钻进洞里去,

英勇的速别额台,

你变成铁锹,

把他挖掘出来!

仇敌篾儿乞惕人的后代,

变成游鱼,

就是跑进宽广的大海里去,

英勇的速别额台,

你变成渔网,

把他网捞上来!

英勇的速别额台,

你翻越峻岭,

你横渡大河
去歼灭仇敌蔑儿乞惕,
要来报行期。
跋山涉水,
往遥远的地方去,
要爱惜乘马,
要节省给养,
要先有充足的准备!
如果马匹损伤了,
后悔也来不及了,
如果给养不够了,
节省也晚了。
遥远的那个路上,
野兽是很多的,
不要只顾捕猎野兽,
忘记了行军。
要补充给养,
可适当地进行狩猎。
除了捕猎之外,
平常行军时,
军士骑的马匹,
要把鞍秋脱去,
马嚼也要脱去,
要缓慢地前进。

若能忠实遵守

这个命令去做,

长途远征的人,

就不会乱去狩猎。

有违反这个命令的军人,

就予以鞭打。

如果是我的熟人

违犯了命令,

你就把他送回来!

如果不是我的熟人,

违犯了命令,

你就加以惩办!

虽然远隔千山,

意志也要统一;

虽然远隔万水,

意志也要统一。

长生天的保佑,

加上自己力量,

把混账脱黑脱阿的儿子,

捉拿到手里的时候,

不用解回来,

就地斩了吧!"

成吉思合罕

又对忠勇的速别额台说:

"你现在出发,
去消灭篾儿乞惕人。
我在年幼的时候,
他们常常来欺侮,
包围我们在
不儿罕山上。
仇敌篾儿乞惕人,
现在又脱了网,
逃往他方。
哪管是登天,
哪管是入地,
也要追捕报仇!"
准备好了铁车,
使亲信的速别额台
于牛儿年出发了。
"你虽然远离了,
但是像在我的身边;
你虽然远去了,
但是像在我的跟前。
我们如果忠诚,
上天,
会加佑护的。"
在速别额台出发时候,
成吉思合罕又把旨传。

200.在乃蛮部的篾儿乞惕人既被灭亡,和乃蛮部在一起的札木合也失掉了部众,他和五个同伴逃走,登上傥鲁山(唐努山)杀了个羱羊①烧着吃。札木合对同伴们说:"谁家的儿子今天宰羱羊,这样吃呢?"他正在吃羱羊肉的时候,五个同伴把他擒捉起来,送给了成吉思合罕。札木合被他的同伴所擒,派人去对成吉思合罕说:

"黑乌鸦

捕捉了

黑鸭子。

属民、奴隶

侵犯了

合罕、领主。

我的合罕安答,

请赐仁慈!

紫鹞子

捕捉了

水蒲鸭。

奴隶、差役

侵犯了

国王、主人。

我的圣主安答,

请你想想呀!"

---

① 盘角野羊。

成吉思合罕对于札木合这些话，降旨说："侵害合罕、领主的人还可以留用吗？这样人还可以做同伴吗？凡侵害合罕、领主的属民，子子孙孙永远根绝！"这样就命令把捕捉札木合的几个人在札木合的面前杀掉。成吉思合罕派人去对札木合说：

"现在我们俩
还要做朋友吧？
现在你
是一只单辕子车，
将再没有旁的心思吧？
我们俩曾经和好过，
互相勉励，
互相帮助。
后来虽然分开手，
但是你
还是我的吉庆好友。
在仇杀的
日子里，
你还是
心疼我。
后来虽然分开手，
你还是
我的安答好友。
在厮杀的

日子里，
你还是
惦念我。
譬如说：
我们和客列亦惕人
在合剌合勒只惕额列惕地方
作战的时候，
你把脱斡邻勒王罕的计划，
来告诉了我们，
这于我有很大的帮助。
你又曾把乃蛮部的部众，
危言恫吓，
大言威胁，
报告了他们的情况。
这都是对我的恩惠。"

201.札木合说：
"想当年，
幼小的时候，
在豁儿豁纳黑主不儿地方，
我们二人共同游乐，
和合罕安答你，
结为亲爱的密友，
盖着一床被子，

怀着同样心思。
被旁人挑唆，
中了谗言；
被坏人离间，
中了奸计，
我和合罕安答
就分离了。
这像把自己的黑面皮，
抓破了一样，
再见合罕安答，
你的温颜，
这是很难的了。
以前说过的话，
还没有忘，
这像把自己的红面皮，
剥破了一样，
再见善心安答，
你的慈颜，
这是很难的了。
合罕安答，
恩赐我，
还要做朋友。
但当友好的时候，
我没有友好。

帖木真，你，
绥服
万国；
兼并
敌众，
成为
至高的合罕，
占有普天下，
这个时候，
要我这个人，
还有什么用？
我也许成为
暗夜的噩梦，
白昼的
肇事者，
来搅扰
合罕安答。
我也成为你的
衣领上的虱子，
衣襟上的针刺。
由于听信长舌老婆的话，
离开了安答，
我悔恨错误了。
这一生里，

安答，我们的
伟大声名，
从日出的地方，
到日落的地方，
显扬万国。
机智英勇的安答，
你有圣明的母亲。
强悍英勇的安答，
你有干才的兄弟，
你有七十三匹骏马，
你有豪强的同伴。
因此，我败亡在
成吉思合罕你的手下。
我是没有父母的
只身孤儿，
没有忠诚的好朋友，
没有信爱的好兄弟，
有好说闲话的
不要脸的大老婆。
因此，
上天降福
帖木真，我失败于你了。
我的安答恩赐，
让我快点死去，

好安慰你的圣心,

好逍遥快乐。

我的安答恩赐

请让我不流血,

而能死去才好!

把我的尸骨,

永远埋葬在

生我的故乡,

将永远佑护

安答的子孙,

这是我的希望。

我这旁支亲族,

在至高亲族安答的

威力下失败了。

我所说的话,

不要忘了,

无论什么时候,

要常常记着做!

现在请赐死吧!"成吉思合罕听了这些话,说:

"札木合安答,

虽然分离去,

但是没有结深仇,

也未曾听他说,

残害我的生命。

本来他能够转变,

但是他不想转变。

我曾经问卜,

好像还不到死期。

贵族出身的人,

不可轻易杀害。

杀人的生命,

应当有严正的理由。

说起这个理由,那就是从前拙赤答儿马剌、给察儿二人互相盗取马群的时候,札木合安答你起了坏意,我们交战于答阑巴勒渚惕地方。你把我逼进哲列捏的狭地里去,你想起了这件事了吗?现在我想友好,你不答应。虽然爱惜你的生命,也没有法子了。现在依照你的话,叫你不流血而死,不把你的尸体抛弃,以礼埋葬!"这样的降旨说了,就把札木合赐死,埋葬了他的尸体。

202.成吉思合罕既把有毡帐的部众①绥服了。虎儿年(1206年)大会于斡难河的源头,立起九足白旄纛。共上帖木真以成吉思合罕(大海皇帝)尊号。封木合黎以国王称号。又派者别去追赶乃蛮部的古出鲁克罕。蒙古族的国家实现统一。成吉思合罕降旨说:"建国以前有功的同伴们,封为国家那颜;不断尽力的我的亲密的同伴们,封为千户那颜。"所封的千户那颜如次:

① 有毡帐的部众,意为住帐房的人,是游牧人。

一、蒙力克 　　二、孛斡儿出

三、木合黎 　　四、豁儿赤

五、亦鲁该 　　六、主儿扯歹

七、忽难 　　　八、忽必来

九、者勒篾 　　一〇、秃格

一一、迭该 　　一二、脱栾

一三、汪古儿 　　一四、赤勒古台

一五、孛罗忽勒 　　一六、失吉忽秃忽

一七、曲出 　　一八、阔阔出

一九、豁儿豁孙 　　二〇、兀孙

二一、忽亦勒答儿 　　二二、失鲁孩

二三、者台 　　二四、塔孩

二五、察合安豁阿 　　二六、阿剌黑

二七、锁儿罕失剌 　　二八、不鲁罕

二九、合剌察儿 　　三〇、阔可搠思

三一、速亦客秃 　　三二、纳牙阿

三三、冢率 　　三四、古出古儿

三五、巴剌 　　三六、斡罗纳儿台

三七、歹亦儿 　　三八、木格

三九、不只儿 　　四〇、蒙古兀儿

四一、朵罗阿歹 　　四二、孛坚

四三、忽都思 　　四四、马剌勒

四五、者卜客 　　四六、余鲁罕

四七、阔阔 　　四八、者别

四九、兀都台　　　五〇、巴剌扯儿必

五一、客帖　　　　五二、速别额台

五三、蒙可　　　　五四、哈勒札

五五、忽儿察忽思　五六、苟吉

五七、巴歹　　　　五八、乞失里黑

五九、客台　　　　六〇、察兀儿孩

六一、翁吉阑　　　六二、脱欢帖木儿

六三、篾格秃　　　六四、合答安

六五、抹罗合　　　六六、朵里不合

六七、亦都合歹　　六八、失剌忽勒

六九、倒温　　　　七〇、塔马赤

七一、合兀阑　　　七二、阿勒赤

七三、脱撒合　　　七四、统灰歹

七五、脱不合　　　七六、阿只乃

七七、秃亦迭格儿　七八、薛潮兀儿

七九、者迭儿　　　八〇、斡剌儿古列坚

八一、轻吉牙歹不合古列坚[①]

八二、忽邻勒　　　八三、阿失黑古列坚

八四、合歹古列坚　八五、赤古古列坚

八六、八七、八八，为阿勒赤古列坚所管辖的翁吉剌惕部的三个千户那颜；

---

① 此人，汉文音译本作轻吉牙歹、不合古列坚二人，这里作一人名，恐误。又古列坚，译言女婿，这里是驸马之意。

八九、九〇，为不秃古列坚所管辖的亦乞列思族的二个千户那颜；

九一、九二、九三、九四、九五，为阿剌忽失的吉惕忽里古列坚所管辖的汪古惕部的五个千户那颜。除林木中百姓之外，成吉思合罕共封蒙古国的千户那颜九十五人。

203.成吉思合罕把驸马也封在这九十五千户那颜之内。成吉思合罕降旨说："有殊勋的同伴，将予殊赏。令孛斡儿出、木合黎等那颜前来！"那时失吉忽秃忽在宫帐内。成吉思合罕说："去请他们来！"失吉忽秃忽说：

"孛斡儿出、木合黎等

比我们

有大功

殊勋吗？

合罕恩赐

我比他们

无功

寡勋吗？

我从幼年

身及你的高门限的时候，

直到现在我生了长胡须，

成了苍发的老翁，

也没起过三心二意，

一直追随在你的左右。

> 我从幼年
>
> 身及你的金门限的时候,
>
> 直到现在口上生出了胡须,
>
> 偌大的年纪了,
>
> 也没做过偷懒的恶事,
>
> 牺牲一切为你服务。
>
> 使我睡在足下,
>
> 使我眠在被里,
>
> 像儿子似的,
>
> 抚育了我;
>
> 使我睡在跟前
>
> 使我眠在怀里,
>
> 像兄弟似的,
>
> 养育了我。

现在怎么赏赐我呢?"成吉思合罕对失吉忽秃忽说:"你不是我的六弟吗?给义弟你,和亲弟弟一样分给你一份份子。又为纪念你的功劳,封你九次犯罪不罚!"成吉思合罕又降旨说:"蒙长生天的佑护,绥服万国时,你就当我的眼睛和耳朵。从我们的母亲和兄弟、儿子们有毡帐的百姓中,有门板的百姓①中分些属民给你。你所吩咐的话,谁也不许更改!"又封失吉忽秃忽为全国最高断事官(审判官)说:"惩治盗贼和欺骗者,应处死的处死,应惩罚的惩罚!"又降旨说:

---

① 有门板的百姓,意为住房屋的人,是定居人。

"全国的分产、办案都把它记载在青册上！和我商量过，失吉忽秃忽所办的案件记载在白纸青册上的，子子孙孙，永远不得更改！有更改的，就严办！"失吉忽秃忽说："我怎么能像合罕的义弟、你的亲兄弟一样分份子呢？合罕恩赐，我只想要一份住房子的城市百姓！"成吉思合罕答说："因为你自己处理这些事情，照着你说的办吧！"失吉忽秃忽接受了成吉思合罕的赏赐以后，出来把孛斡儿出、木合黎等那颜传唤进去。

204.成吉思合罕对蒙力克老翁降旨说："共生共长，有福有庆，你的功劳是不少的。例如其中有一件事情：当王罕和桑昆骗我去的时候，走在路上，夜宿蒙力克老翁你的家里。你如果不劝阻我，那我一定要沉入深水，坠入烈火送了命。我永远记住你那次的功劳，子子孙孙也永远不要忘。为纪念你的功劳，请你坐在贵座上，每年也不误，每月也不停，给你奖赏，直到你的子孙，永远不绝。"

205.成吉思合罕又对孛斡儿出说："我年幼的时候，失去了八匹惨白色的马，追赶了三天，在路上和你逢见。你看我辛苦，要帮助我，你连家也未回去，也未向你父亲说一声，把马奶子桶弃置野地，给我把秃尾甘草黄马换了一匹黑脊白马骑上，你自己骑了一匹快黄马，把马群放在一边，连忙和我一同去追赶贼人。走了三天，我们二人到了盗我的惨白色的马的贼盗的圈子。我们就把在帐房的圈子边上的惨白色的马赶回来。你是纳忽伯颜的独生子，为什么要跟我交友？你完全是一片好心，跟我交友。以后，我常常想念你，使别勒古台去联系友谊。你就骑一匹拱脊甘草黄马，披着一件毡衫，来到我这里。当三姓篾儿乞惕人侵犯我们，把不儿罕山围困了三周时，你是和我们一同被难。以后又在答阑捏木儿格思地方和塔塔儿对阵夜宿，那时日夜大雨不止，那一夜你为的叫我安眠，把你的毡衫给我披上，使我身上免去雨水的淋湿，你支着一只腿站立了一夜，仅换腿一次。这是忠诚勇士的品质。此外你还有说不尽的功劳。孛斡儿出、木合黎你二人赞助我做好事，劝阻我做坏事，我才能够臻于大位。现在封你位于众人之上，九次犯罪不罚。封孛斡儿出为管辖西边直至阿勒台山地方的万户！"

206. 成吉思合罕又对木合黎降旨说："忽图剌合罕即位，在豁儿豁纳黑主不儿地方的繁茂的树下欢舞时，木合黎你预告了上天的神告（吉兆），所以我记起［木合黎的父亲］古温兀阿和木合黎作过的誓言。现在果然依照他的话我即了大位。封木合黎为世袭国王。"又封木合黎国王为管辖东边直至哈剌温只都山地方的万户！"

207. 成吉思合罕对豁儿赤说：
"从我幼年的时候，
你就和我
做吉庆的同伴。
同甘苦，

共患难,

你是这样出过力。

很早以前,

豁儿赤,你,

把上天神言,

预言出来。你说,

如果天意应验,

合罕得臻大位,

你希望

娶三十名美女。

现在你说的话应验了,你在全国里选取三十名巧妇美女吧!"又降旨说:"豁儿赤你把三千巴阿邻族,再加上塔孩、阿失黑二人同管的阿答儿斤的赤那思族、脱斡劣思族、帖良古惕族和乃蛮人等合成一万百姓管辖,辖区为沿额儿的失河的林木百姓住地,命你镇守林木百姓万户!"又说:"不得豁儿赤的许可,林木百姓不准往他处迁移。违背豁儿赤命令的严办!"

208.成吉思合罕又对主儿扯歹说:"提起你所建立的功劳,就是和客列亦惕部作战于合剌合勒只惕额列惕的时候,虽然是忽亦勒答儿安答首先主战,但是正式成事的是你。主儿扯歹你作战时,你一连串战败了只儿斤人、土绵土别干人、斡栾董合亦惕人以及豁里失列门的一千护卫,直杀到他们的中军,射伤了桑昆的脸腮,上天佑护,打开了胜利大门。那时候如果不射伤桑昆,我们还不知道怎么样呢!主儿扯罗这是最大的功劳。离开那里，沿合勒合河移动，你像我的高山屏障似的掩护我前进。到达巴勒渚惕海子饮水住下。从巴勒渚惕海子出发，主儿扯罗你做先锋，直向客列亦惕部前进。蒙天地佑护，我们把客列亦惕部的百姓征服了。由于征服了客列亦惕的部众，乃蛮部和篾儿乞惕部都丧胆，不敢迎战溃逃。乘篾儿乞惕部和乃蛮部溃散之际，客列亦惕人札合敢不带了他的两个女子来奉献，所以将他所属的百姓留下了。然而他又叛出。主儿扯罗你去追赶，用计将已经逃走的札合敢不捕杀。捕掳了札合敢不的部众。主儿扯罗的另一大功就是这样。"

杀伐的时候，

不惜牺牲，

建立功劳；

作战的时候，

不失阵地，

勇敢立功。

成吉思合罕把亦巴合别乞合敦赐给主儿扯罗。并对亦巴合别乞说：

"不是你的性情不好，

不是你的容貌不美，

［不是说你的脚脏，

不是说你的汗臭，——AT］

我把暖和我的被窝的，

给我盖脚的，

自己的妃子你,

要赐给

在建国大业上

表现大功的主儿扯歹。

在战争的时候,

他是盾牌,

离散的部众,

给我聚集来;

在战争的时候,

他是铠甲,

分散的部众,

给我收集来。

为了报答主儿扯歹的丰功伟绩,所以把你给他。此后,我的继位子孙,应当永远记着报答有这样大功的人。不准更改我的话,子子孙孙,不要断绝亦巴合的位置(名位)!"成吉思合罕又对亦巴合说:"你父亲札合敢不给你的从嫁人阿失黑帖木儿、阿勒赤黑两个司厨,并给你二百名从人。现在你去兀鲁兀惕族,为了纪念,把这里的从嫁人阿失黑帖木儿司厨和一百名从人带去吧!"成吉思合罕又对主儿扯歹说:"把亦巴合合敦给了你。命你管辖四千兀鲁兀惕族!"这样地恩赐了。

第九章 护卫军的建立

209.成吉思合罕又对忽必来说:"你给我扭掉了强梁的头,你给我摔得力士的屁股着地。现在忽必来、者勒篾、者别、速别额台你们四位是我的像猛狗似的忠实同伴。无论叫你们往哪里去,

说到的地方就到,
去把坚石粉碎;
说攻的地方就攻,
去把硬岩捣毁,
把明石击乱;
把深水断涸,
这样勇敢地杀敌。

忽必来、者勒篾、者别、速别额台四狗,使往指定的地方;

孛斡儿出、木合黎、孛罗忽勒、赤老温四杰带在跟前；在作战的时候，最前线使主儿扯歹、忽亦勒答儿带领着兀鲁兀惕人、忙忽惕人先行，这样，我就放心了。"遂令："忽必来你总管全军事务。"又说："别都兀因为我怪责他性情执拗，未封他做千户那颜。你把他教导着，你和他同管一千户！我们看别都兀以后如何！"

210.成吉思合罕又对格泥格思族人忽难说："孛斡儿出、木合黎等那颜啊！朵歹、朵豁勒忽等扯儿必啊！这个忽难

黑夜

像凶狠的野狼；

白天

像粗暴的乌鸦。

迁移时不遗一物；

留守时决不移动，

常追随在我跟前。

对于敌人，

决不予

好看的颜面；

对于仇人，

决不为

私利起异心。

你们和忽难、阔可搠思二人共同商议，处理一切事情吧！"这样降旨了。"我的儿子们，以拙赤为长。忽难你管辖格泥

格思族人，在我儿拙赤手下当万户那颜！"这样降旨了。"忽难、阔可搠思、迭该、兀孙老翁这四个人，看见的不要隐瞒，说实话；知道的不要藏匿，把听见的话报知来！"

211.成吉思合罕对者勒篾说："札儿赤兀歹老翁背着风箱，领着自己的幼子，从不儿罕山下来！到达斡难河的迭里温孛勒答黑地方，正逢着我初生，送我一件貂鼠褓袱。从那以后你就做了我们的门限内的奴隶；门户内的私仆，建立了许多功劳。我们一同生长在貂鼠褓袱里的有福的同伴，我们友爱而生长的同伴者勒篾，封你九次犯罪不罚！"

212.成吉思合罕又对脱栾说："你和你父亲各管辖一千户，为千户那颜。因为在收集部众时，你是你父亲的翅膀一样地帮助他完成任务，所以封你扯儿必称号。现在你把收集的人民自管为千户，和脱鲁罕商量着行事！"

213.成吉思合罕又对汪古儿司厨说："蒙格秃乞颜的儿子汪古儿你带领三部脱忽剌兀惕族①、五部塔儿忽惕族、敝失兀惕族、巴牙兀惕族为一圈子，

　　大雾中未曾迷失；

　　战争中未曾分离。

---

① 这三部脱忽剌兀惕族，即第120节的札剌亦儿族人的合赤脱忽剌温、合剌孩脱忽剌温、合剌勒歹脱忽剌温。

同甘苦；

共患难，

你曾这样做过。

现在你要什么赏赐呢！"汪古儿说："如果要我选择赏赐，就是巴牙兀惕族的兄弟们散在各处。合罕恩赐，叫我把巴牙兀惕族的兄弟们集合来管辖。""可以！你把巴牙兀惕族的兄弟们集合起，由你管辖为千户！"这样降旨了。又成吉思合罕降旨说："孛罗忽勒、汪古儿你二人为司厨散饭人，给左右两边分配食物，右边的人要挨次的供给，左边的人也要挨次的供给，则我的喉咙不噎，而且心安。汪古儿、孛罗忽勒二人要骑马给众人摆饮食！"他二人在大酒局的左右准备饮食。"你二人和脱栾一同面北坐着，摆饮食！"成吉思合罕这样把地位指给他们。

214.成吉思合罕又对孛罗忽勒说："我的母亲把失吉忽秃忽、孛罗忽勒、曲出、阔阔出你们四个人从敌人的营盘里，

从野地里拾得来，

放在跟前，

宝贝似的养育着。

提着你们的衣领，

使你们成人；

提着你们的肩胛，

使你们长大，

这样像自己的儿子似的养育作为我们的同伴助手。对我母亲的抚育之恩，你们已经有了报答。孛罗忽勒做我的同伴，

　　紧急行军，

　　遇上雨夜的时候，

　　未曾使我

　　缺少饮食；

　　紧急作战，

　　逢着任何困难，

　　未曾使我

　　断绝饮食。

　　征伐害我父祖的

　　仇敌塔塔儿部时，

　　杀戮的杀戮；

　　践踏的践踏，

　　像车轴高的，

　　能有那么高的男子，

　　完全斩杀了的时候，

塔塔儿人合儿吉勒失剌逃走，因为饥饿，没有法子，又回来，进入我母亲的帐房里，说：'要东西吃！''要东西吃，在那边坐下！'我母亲让他在右床（铺）前边坐下。那时五岁的儿子拖雷从外面进来，当要出去的时候，合儿吉勒失剌跳起来，把拖雷夹在胁下就跑，同时抽刀相向。这时坐在母亲帐房的东面的阿勒塔泥听见母亲喊叫：'我的孩子被杀了！'急忙跑出来，从合儿吉勒失剌的后面赶上，一只手把

他的头发捉住，另一只手把他那抽刀的手捉住，用力夺取，他的刀落地了。那时候在屋后宰杀秃角黑牛的者台、者勒篾二人听见阿勒塔泥的声音，拿着血迹斑斑的斧子，跑过来，就在那里把塔塔儿人合儿吉勒失剌用斧头打倒，用刀刺死了。阿勒塔泥、者台、者勒篾三人争执搭救拖雷性命的功劳。者台、者勒篾二人说：'我们如果不赶快跑出来把他杀死，只有一个妇人，阿勒塔泥有什么用？儿子的生命要被害的。搭救儿子的功劳是我们的。'阿勒塔泥说：'如果不听见我的声音，你们怎么会来？我若是不赶上把他的头发捉住，把他手执的刀夺落地下，就是者台、者勒篾二人跑来，儿子的性命也要被害了吧？'这样地说了之后，首功归于阿勒塔泥。孛罗忽勒的妻好像孛罗忽勒的另一个车辕子，相辅相助，救了拖雷的性命，建立首功。又和客列亦惕部作战于合剌合勒只惕额列惕地方时，斡歌歹的颈脉中箭落马。孛罗忽勒下马用口吸吮伤口的淤血，就地睡眠。第二天又因为斡歌歹不能骑马，乃把斡歌歹抱在身前，叠骑马上，并用口吮淤血，口角都染红了，这样把斡歌歹儿子的性命救出来。对于我母亲辛苦抚育之恩，用搭救了两个儿子的性命报答了。孛罗忽勒和我友好作伴，只要听见我的召唤，从不退后，勇往直前去做。封你九次犯罪不罚！"

215.成吉思合罕又说："对同族的妇女们给予赏赐！"

216.成吉思合罕又对兀孙老翁说："兀孙、忽难、阔可搠思、迭该你们四人，凡是听见的、看见的要毫不保留地对我说。蒙古的官制从来是以别乞那颜为尊。由于长支的人应当为别乞的惯例，可以封巴阿邻族人的长支兀孙老翁为别乞。被封为别乞的，可以穿白袍，骑白马，坐于上座，选择吉年吉月，议论吧！"

217．成吉思合罕又说："忽亦勒答儿安答，以前作战时，因为首先主张开战而有功，应当给他的子孙们抚孤的赏赐！"

218．成吉思合罕又对察合安豁阿的儿子纳邻脱斡邻勒说："你的父亲察合安豁阿忠勇作战，在答阑巴勒渚惕战役中被札木合所杀。现在为纪念你父亲的功劳，予以抚孤的赏赐！"纳邻脱斡邻勒说："我族的捏兀歹人分散各部。合罕恩赐，把捏兀歹族的兄弟们收集来。"成吉思合罕降旨说："这样就使你把捏兀歹族的兄弟们收集来，世世管辖吧！"

219．成吉思合罕又对锁儿罕失剌说："我幼年被泰亦赤兀惕人塔儿忽台乞邻秃黑带领着兄弟们追捕的时候，蒙你的儿子赤老温、沉白像兄弟般地看待我，把我掩藏起来。又由于你的女儿合答安的抬举，把我放走了。你那样的大恩，我在夜梦中，念念不忘，在白天，心坎里不能放下。你们从泰亦赤兀惕部来得晚一些。现在要给你们赏赐，你们希望什么赏赐呢？"锁儿罕失剌和他的儿子赤老温、沉白等说："我们希望在篾儿乞惕部的牧地薛凉格河地方自由营牧。其他赏赐，成吉思合罕看着办吧！"成吉思合罕说："你们可以在篾儿乞惕部的牧地薛凉格河地方自由营牧，世袭居住，佩带弓箭，陈设酒宴，举杯作乐吧。九次犯罪不罚！"成吉思合罕又对赤老温、沉白二人赐教说："以前赤老温、沉白你们二人所说的怎么会忘了呢？赤老温、沉白你们二人有想说的话，有要求的话，不用使旁人说，可以亲自来见我，当面对我说，要求你们所缺的东西！"又降旨说："锁儿罕失剌、巴歹、乞失里黑你们三位答儿罕

征战的时候，

所得的财物，

可自己享用！

捕猎的时候，

所猎的野兽，

可自己享用！"

"锁儿罕失剌是泰亦赤兀惕人脱朵格的属民。巴歹、乞失里黑二人是也客扯连的牧马人。现在做了我的箭筒士（带弓箭的亲兵），饮宴的时候可先进盏，自由幸福地享乐！"又这样降旨了。

220. 成吉思合罕又对纳牙阿说："失儿古额秃老翁和他的两个儿子阿剌黑、纳牙阿一同，把塔儿忽台乞邻勒秃黑擒捕。路上走到忽秃忽勒讷兀惕地方，纳牙阿说：'我们怎么可以把自己的领主擒捕前往？'心里不忍得做，把塔儿忽台放回去了。失儿古额秃老翁和他的儿子阿剌黑、纳牙阿一同

来了。纳牙阿说：'我们是把我们的领主塔儿忽台乞邻秃黑亲手擒获，走在路上，因为忍不得杀害领主，把他放回去，我们是来给成吉思合罕效力的。如果把自己的领主捉来，则捕捉自己领主的属民怎么可以信任呢？'因为你不忍陷害自己的领主，所以称你为通晓爱护领主的大道理的人，可以委付大事。孛斡儿出为右翼万户那颜，木合黎为左翼万户那颜，现在封纳牙阿为中军万户那颜！"

221.又令者别、速别额台二人把自己收集的百姓组成千户管辖。

222.又令司牧羊迭该把各处无籍的百姓收集起来管辖为千户那颜。

223.又因为木匠答儿罕古出古儿还没有属民，使他由其他那颜处征集百姓，和札答阑族人木勒合勒忽一同合起来，二人为一千户那颜，共同商量行事。

224.开国功臣，都封为万户那颜、千户那颜、百户那颜、十户那颜，赏赐的赏赐了，委付的委付了。成吉思合罕又降旨说："以前我封的八十宿卫、七十散班、护卫等，现在以长生天的仁爱，天地的佑护，增加气力，建立了统一大国。为了便于调度，现在挑选一千名护卫。宿卫、箭筒士、散班合成一万名！"又成吉思合罕为挑选散班，命令千户那颜说：

"我所挑选的散班,当由万户、千户、百户的儿子及白身人(自由民)的儿子的有技能、身体健全者来挑选。充当我的护卫亲兵者,千户那颜的儿子可带十个同伴(兵),一个兄弟。百户那颜的儿子可带五个同伴(兵),一个兄弟。十户那颜的儿子和白身人的儿子可带三个同伴(兵),一个兄弟。并应由他们在各自原居地方自备乘马前来。来当我的亲兵的千户那颜的儿子和十个同伴,所用的物品,应由所属千户管内征用。如果他们有父亲的遗产,或自己有马匹、财物等,除其私产以外,仍应依照我所指示的范围给他准备用品前来。百户那颜的儿子和五个同伴,十户那颜及白身人的儿子和三个同伴,除其私产以外,并应依法给他准备需用的马匹、财物前来!""千户、百户、十户那颜等及一切人等应遵令而行,其有违背命令者,严办!当选的护卫军之人,如有逃避的,不愿在我的跟前服务,以他人代替的,就惩罚他,流放到无人的远方!"这样地降旨说:"有愿来在我跟前行走的,不要阻挡他!"

225.遵照成吉思合罕的令旨,挑选千户、百户、十户那颜的儿子,把以前的八十宿卫,增加到八百名。成吉思合罕命令增满一千名。并令不得阻止参加宿卫的人。令也客捏兀邻为宿卫千户那颜。又委派四百名箭筒士,以者勒篾的儿子也孙帖额为箭筒士长,和秃格的儿子不吉歹一同商量管辖。散班、护卫等分成四班:也孙帖额管理第一班箭筒士,不吉歹管理第二班箭筒士,火儿忽台黑管理第三班箭筒士,剌卜剌合管理第四班箭筒士。带弓箭的箭筒士、散班等是这样地分派管理的。箭筒士一千名,由也孙帖额管理! 成吉思合罕这样降旨了。

226.以前斡格来扯儿必所管辖的散班增加为一千名,仍令孛斡儿出的宗族斡格来扯儿必管辖。又令木合黎的宗族不合管辖一千散班。分亦鲁该的亲族阿勒赤歹管辖一千散班。令朵歹扯儿必管辖一千散班。令朵豁勒忽扯儿必管辖一千散班。令主儿扯歹的宗族察乃管辖一千散班。令阿勒赤歹的宗族阿忽台管辖一千散班。又挑选一千勇士,令阿儿孩合撒儿管辖,平时为巡察的散班,战时为打先锋的勇士! 这样地降旨了。由各千户选来的人共为八千散班,再加二千宿卫、箭筒士共合为一万名护卫军。成吉思合罕降旨说: "一万名护卫军团结起来,作为我的大中军!"

227.又成吉思合罕降旨: "值日班的散班,分为四班,委派班长如下:不合管理一班护卫,阿勒赤歹管理一班护卫,朵歹扯儿必管理一班护卫,朵豁勒忽扯儿必管理一班散班。委派这四班护卫长的令旨宣布了。各班长令所属护卫值班,三夜一换。护卫人等误班,鞭误班人三条子。再犯鞭七条子。又该人无病及未得所属官长允许第三次误班,鞭三十七条子,这是他已经不愿为我们出力,当流放远方! 各班官长应再三把这令旨宣布于所属各班护卫。如有不晓者,该班官长应当负责。明知故犯,或违背令旨的规定者,严厉惩罚该护卫。当班长的不要依仗自己的班长地位，不经我的允许，去处罚护卫。有错误的时候，要说他们，该杀的由我们来杀，该打的让他卧倒之后打。当班长的依仗自己的班长地位，对于有同样权利的护卫擅自动手，用条打的，就罚以条打，用拳击的，就罚以拳击！"

228.成吉思合罕又降旨说："我的护卫地位高于在外的千户那颜之上，在外千户那颜和我的护卫同等斗殴，罪罚千户那颜！"

229.成吉思合罕又降旨了，向各班护卫那颜宣布令旨说："箭筒士、散班等值班日间守卫者，各按各自的职务行事。日落之前［把守卫的职务移交］宿卫，避出外边住宿。夜里由宿卫守卫。箭筒士把弓箭，司厨把碗筷都交给宿卫，出来住宿。外宿的箭筒士、散班、司厨等人到次日早晨我们饮汤时，先在拴马的地方等候，并通知宿卫，等待我饮完了汤再进来。箭筒士执其弓箭，散班值其岗守，司厨司其碗筷，各自工作。值班的人应遵守这个规定的班规行事！太阳落了之后，有在我的宫帐前后行走的人，巡察宿卫就逮捕他，明晨审问。宿卫来换班在门前移交符证之后，才可进来。交班的宿卫要出外去。夜里宿卫在宫帐的附近守门，如有闯门的人，砍断他的肩，切掉他的头！夜间有来禀报紧急事项的人，应先告知宿卫，和宿卫在宫帐后把要禀报的事禀报出来。宿卫的座上谁也不准坐。未得宿卫的允许，谁也不准进来。宿卫的跟前谁也不准行走。不准在宿卫的中间行走，不准探问宿卫的人数。在宿卫跟前行走的人，就逮捕他。有探问宿卫人数的人，就将那个人所骑的马连鞍子、辔头和他穿的衣服一并没收。额勒只格歹虽然是亲信的人，在宿卫的跟前行走，也被逮捕了。"

第十章 征服畏兀儿及林木中百姓

230.成吉思合罕说:
"在阴夜里,
经常守卫
我的有门的帐房,
使我的身体
平安地睡眠,
得以坐到宝座的,
我的老宿卫们!
星夜里,
宿守在
我的帐房跟前,
像我的

被窝一样；
像我的
屏障一样，
得以坐到宝座的，
我的有福有庆的宿卫们！
风雨里，
严寒里，
巡视着
我的有围墙的帐房，
护卫着
我的身体，
得以坐到合罕大位的，
我的亲爱的宿卫们！
从暴敌的臂腕，
从仇敌的手里，
不分昼夜，
保卫着我的帐房，
不合眼睛，
卫护我的身躯的
我的永远可靠的宿卫们！
一听到我的桦皮箭筒
哗啦的声响，
不停留跑来的
我的十全十美的宿卫们！

一听到我的柳木弓弦

唰啦的声响，

不旋踵跑来的

我的尽善尽美的宿卫们！

我的

永远吉庆的宿卫们，

可称作老宿卫。

斡格来扯儿必

所管的七十散班，

称为大散班。

阿儿孩合撒儿

所属的精锐勇士，

称为大勇士。

也孙帖额、不吉歹

所属的旧箭筒士，

称为大箭筒士。"

231."从九十五千户选来的我的一万名贴身护卫，直到我的继位子孙，应当世世遵照我的遗嘱，不要使他们受到任何委屈，好好地照顾！我的这一万护卫，称为至尊的护卫。"

232.成吉思合罕又说："宿卫主管宫帐中的扯儿必女官、家人、司牧驼、司牧牛等人，并管理宫中座车。宿卫管理旌旗、鼓、枪，并管理碗具等。宿卫管理我们的饮食。宿卫管理祭胙。饮食如有缺乏，以管理的宿卫是问。箭筒士的饮食，如不得管理开饭的宿卫许可，不准散给饭食。散给饭食应先散给宿卫。宿卫管理出入宫帐的物品。宿卫是宫帐前近门的守卫者。宿卫二人入内掌守大酒局。建立宫帐，由宿卫寻觅适当的牧地建立。我们去打围的时候，宿卫一同跟去打围。在车辆附近，也应当有人看守。"

233.成吉思合罕又说："我不出征，宿卫不准离我出征。如果明知故犯，违背此旨，有叫宿卫出征者，则严厉惩办主持军事的扯儿必。你们要问不叫宿卫出征的理由吗？因为宿卫是保护我的金身的。围猎野兽时，共同辛苦；迁移居地时，保护宫帐，照料车辆。保护我宿眠容易吗？保护我的车辆、大营的迁移容易吗？由于这些工作，所以不叫他们离我出征。"

234.又降旨说："失吉忽秃忽审判案件时，宿卫可以参加听审。宿卫主管箭筒、铠甲等的保管和分发，以及抓捕马匹，整理行装等工作。宿卫和扯儿必一样分给财物、缎匹。箭筒士、散班等于迁移牧地时，也孙帖额、不吉歹等箭筒士，阿勒赤歹、斡格来、阿忽台等散班在宫帐的右面行走，不合、朵歹扯儿必、察乃等散班在宫帐的左面行走，阿儿孩把阿秃儿等在宫帐的前面行走。宿卫保护宫帐、车辆，在宫帐的跟前，及左侧行走。全体护卫、散班皆在宫帐的近前行走，其他宫帐中的家人、司牧马、司牧羊、司牧驼、司牧牛皆在宫帐后面行走，由朵歹扯儿必管理。"又降旨说："朵歹扯儿必随在行宫之后，冒土燃薪行走。"

235.使忽必来那颜去征伐合儿鲁兀惕部。合儿鲁兀惕部的阿儿思阑罕投降了忽必来。忽必来那颜带领着阿儿思阑罕来见成吉思合罕。成吉思合罕因为阿儿思阑罕未战即降，加以表扬，把自己的女儿给了他。〔成吉思合罕把女儿阿勒合别乞给了阿儿思阑，降旨说：

"跳跃的时候是我的腿脚，

偏斜的时候是我的屏倚，

驰骋的时候是我的蹄铁，

给我怎样的帮助，

亲爱的阿勒合你知道吧？

身体是脆弱的，

但名誉是永远的。

没有一个好朋友，

比聪慧还好；

没有一个恶敌人，

比愚愤还坏。

尊信虽然多，

己身尤可信；

宝物虽然众，

生命更可爱。

不屈不挠最可贵；

清白行事最有益。"

这样地教导了她。——AT]

236. 速别额台把阿秃儿将铁车带兵出发，追击蔑儿乞惕部的脱黑脱阿的儿子忽秃、赤剌温等，追到垂河的彼岸，把他们消灭了回来。

237. 者别去追击乃蛮部的古出鲁克罕，追到撒里黑忽纳地方，把他们消灭了回来。

238. 畏兀儿部的亦都兀惕罕遣使臣阿惕乞剌黑、答儿伯二人来谒见成吉思合罕，奏说："如云开见日，如冰消河清。成吉思合罕恩赐：我给你扯拉你的金带扣子；我给你扶持你的圣洁袍子，做你的第五个儿子，给你效力！"听了这话，成吉思合罕赐答，使人去告说："把我的女儿嫁给你。你做我的第五子！请献来金银、珠宝、金缎子、亮剌绣、绸缎等物！"亦都兀惕获得恩赐，很高兴，就预备了金银、珠宝、绸缎等物拿来拜见成吉思合罕。成吉思合罕赏赐亦都兀惕，把女儿阿勒阿勒屯别乞嫁给了他。〔成吉思合罕把女儿阿勒阿勒屯别乞嫁了亦都兀惕，教训她说："皇女有三个丈夫：第一个丈夫是黄金王朝；第二个丈夫是名誉；第三个丈夫才是所嫁的丈夫。坚决服从黄金王朝，才有名誉，名誉巩固了，所嫁的丈夫才不能离去。"——AT]

239. 兔儿年（1207年），拙赤率右翼军，去征伐林木中百姓，以不合为前导。斡亦剌惕部（林木中百姓）的忽都合别乞率领万斡亦剌惕部投降。忽都合别乞来给拙赤带路，从万斡亦剌惕部的牧地前进，到达失黑失惕地方（西斯吉特河）[①]。拙赤招降了斡亦剌惕部、不里牙惕部、巴儿浑部、兀儿速惕部、合卜合纳思部、康合思部、秃巴思部，到达万乞儿吉思部的牧地。乞儿吉思部的那颜们也迪、亦纳惕、阿勒迪额儿、斡列别克的斤等都来投降，带着白海青、白骟马、黑貂鼠等物，来拜见拙赤。拙赤又招降了失必儿部、客思的音部、巴亦惕部、秃合思部、田列克部、脱额列思部、塔思部、巴只吉惕部等以南林木中百姓。乞儿吉思部的万户那颜、千户那颜和林木中百姓的那颜们来朝见成吉思合罕，以白海青、白骟马、黑貂鼠等为谒见礼。成吉思合罕因为斡亦剌惕部人忽都合别乞率领万斡亦剌惕人首先迎降，特给恩赐：把女儿扯扯亦坚嫁给忽都合别乞的儿子亦纳勒赤。把拙赤的女儿豁雷罕嫁给亦纳勒赤之兄脱劣勒赤。把阿剌合别乞嫁给汪古惕部。成吉思合罕恩赐拙赤说："你是我的长子，首次出门，所到之处，人马无恙，就使吉庆的林木中百姓投降。把这些百姓赐给你吧！"

240. 成吉思合罕令孛罗忽勒那颜去征伐豁里秃马惕部（豁里不里牙惕）。豁里秃马惕部的那颜歹都忽勒莎豁儿死了

---

① 在色楞格河的北源处。

之后，其妻孛脱灰塔儿浑管辖着豁里秃马惕部。孛罗忽勒那颜到达那里，自带三人走在大军前面，夜晚，在深林中侦察前进。豁里秃马惕部的哨望人员从他们的背后出现，阻截退路，把孛罗忽勒那颜捕杀了。成吉思合罕听说孛罗忽勒被豁里秃马惕人所杀，大怒，正要亲自出征。孛斡儿出、木合黎二人把成吉思合罕劝止住了。遂命令朵儿边族人朵儿伯多黑申说："严整军马，上天佑护，去把豁里秃马惕人消灭！"朵儿伯带领兵马出动，前面先遣少数队伍在路口放哨，虚张声势，他自己率领大军，沿着野兽走的道路前进。他下令军中如有人畏缩不前，就鞭打他，所以使每个人背负十根条子。又每人都预备了斧、锛、锯、凿沿着野兽走的道路前进。有阻挡去路的树木就砍伐去，清除道路，登上山巅。从山上攻进正在饮宴的秃马惕部众。

241.以前豁儿赤那颜、忽都合别乞二人被陷于豁里秃马惕部，住在孛脱灰塔儿浑那里。豁儿赤被捕的原因是：成吉思合罕使他去到豁里秃马惕部挑选三十名美貌女子。豁儿赤那颜就遵令去到豁里秃马惕部挑选女子。不料原先投降的豁里秃马惕部人又反叛了，把豁儿赤那颜抓起来。成吉思合罕听说豁儿赤那颜被捉，就令熟悉林木中百姓情况的忽都合别乞前往，忽都合别乞到了也被捕了。这一次攻占了豁里秃马惕部，因为孛罗忽勒的牺牲，所以把一百名秃马惕人赐给他的家属。又赐给豁儿赤三十名女子。把孛脱灰塔儿浑妃子赐给了忽都合别乞。

242.成吉思合罕降旨赐百姓给母亲、诸子、诸弟等说："建国时辛苦努力的是我的母亲吧！是我的长子拙赤吧！是我的幼弟斡惕赤斤（'斡惕昆'是火王、灶君之意）吧！"给母亲、斡惕赤斤二人一万百姓（一万户）。他母亲嫌少未作声。给拙赤九千百姓。给察阿歹八千百姓。给斡歌歹五千百姓。给拖雷五千百姓。给合撒儿四千百姓。给阿勒赤歹二千百姓。给别勒古台一千五百百姓。成吉思合罕又因为叔父答里台曾经降顺过客列亦惕部，想要杀掉他。孛斡儿出、木合黎、失吉忽秃忽三人说："这像自毁灶火，自破家室。父亲的遗念仅有这一位叔父，怎么可以把他去掉呢？怎么可以恼怒他的无知呢？他是你父亲从小在一个牧地上同灶居住的人。"这样的苦谏，说得口敝唇焦。成吉思合罕才想起了自己的父亲，便说："是，是那样！"听从了孛斡儿出、木合黎、失吉忽秃忽三人的话，息怒了。

243.成吉思合罕给母亲、斡惕赤斤二人一万百姓，给他委派了曲出、阔阔出、冢率、豁儿豁孙四人。给拙赤委派了忽难、蒙古兀儿、客帖三人。给察阿歹委派了合剌察儿、蒙可、亦都合歹三人。成吉思合罕又说："察阿歹的性情暴烈，令阔可搠思早晚在他的跟前照料。"给斡歌歹委派了亦鲁该、迭该二人。给拖雷委派了者台、巴剌二人。给合撒儿委派了者卜客一人。给阿勒赤歹委派了察兀儿孩一人。

244. 晃豁坛族人蒙力克有子七人。七个儿子之中的阔阔出又名帖卜腾格里①。晃豁坛族的七个儿子把合撒儿捕起来吊打。合撒儿被七子吊打,成吉思合罕听到这个消息,正在因为他事发怒,遂对合撒儿说:"你不是称作不败于一切有生之物的人吗?为什么被打败了?"合撒儿流着眼泪出去了。合撒儿苦恼了三天没有来。那时帖卜腾格里对成吉思合罕说:"长生天指示说:一次令帖木真执掌国政;一次令合撒儿执掌国政。如果对合撒儿不注意,后患不知如何?"成吉思合罕就连夜出发去逮捕合撒儿。曲出、阔阔出二人去禀报诃额仑母亲说:"要去捉拿合撒儿!"诃额仑母亲驾上白骆驼轿车,连夜行走,太阳出来的时候到达了,见成吉思合罕已经把合撒儿的袖子拴住,手拿帽子和带子在那里审问。成吉思合罕看见母亲来了,敬畏躲开。诃额仑母亲怒气冲冲地下了车,亲手把合撒儿的袖子放开,把帽子和带子给了他,怒不可遏地盘膝坐下,露出双乳,垂于双膝之上,说:"看见这个了吗?你是吃的这个奶,挣破胞衣的儿子,扯断脐带的儿子!合撒儿怎么的了?帖木真吃完了这个奶,合赤温、斡惕赤斤一个奶还未吃完,合撒儿吃完了我的两个奶,使我的心胸宽广安宁。帖木真也是有心胸的。

合撒儿力气超人,

百步穿杨的箭,

使逃逸的百姓,

---

① "帖卜腾格里"译言是巫神。

屈服投降；

百发百中的箭，

使溃逃的叛众，

缴械投诚。

现在把敌人打完了，不愿见合撒儿了吗？"成吉思合罕为了使母亲息怒，说："母亲怒责，我很害怕，很惭愧。我们以后不这样了！"也未对他母亲说，暗地里夺取了合撒儿的一部分百姓，给合撒儿留下一千四百百姓。后来，诃额仑母亲知道这件事，心里很忧闷，竟使她很快地老了。原来给合撒儿委派的札剌亦儿族人者卜客惊惧，逃往巴儿忽真地方去。

245.此后，九种语言（全体的）的部众，聚会于帖卜腾格里处，而成吉思合罕的系马处也有许多人投往帖卜腾格里的。又斡惕赤斤那颜和帖木格所属的百姓也有投往帖卜腾格里那里去的。斡惕赤斤那颜为了索要逃亡的百姓，派莎豁儿去要。帖卜腾格里对莎豁儿说："斡惕赤斤你们二人派起大使来了！"说着拷打莎豁儿，使他背负马鞍子徒步回去。莎豁儿被打徒步回来的第二天，斡惕赤斤那颜又亲自往帖卜腾格里那里去说："莎豁儿被你打了徒步回来。现在我是来索要人众。"七个晃豁坛人把斡惕赤斤围起来，要动手打，说："你派莎豁儿来是对的吗？"斡惕赤斤那颜害怕了，说："我派使者来是不对的。"晃豁坛人七子说："既然自己知道错误，应当跪下悔过！"遂令斡惕赤斤跪在帖卜腾格里面前。就是这样，斡惕赤斤那颜也未能把百姓索要回来。第二天早上,成吉思合罕还未起床,正在躺着。他进到帐里跪下哭着说:"九种语言的百姓都聚会于帖卜腾格里处,我派遣莎豁儿去索要我的逃亡属民,而莎豁儿反倒被他们打了一顿,背负马鞍子徒步回来。我又自己去要,七个晃豁坛人把我围起来,逼我承认错误悔过。叫我在帖卜腾格里的面前跪下。"成吉思合罕还未说话,孛儿帖兀真从被窝里起来,手拉着被子遮蔽着胸膛,看见斡惕赤斤的痛哭,她掉下眼泪来,说:"他们晃豁坛族人为什么这样厉害?以前曾经吊打过合撒儿,现在为什么又逼迫斡惕赤斤在他们面前下跪?这是什么道理?〔你还活着的时候,——AT〕就这样欺侮你的像松树似的好兄弟们。

从此后,

你像仙云似的身体,

飘散了的时候,

你遗留下的这个大国,

还会使你的子弟管辖吗?

到后来,

你像神灵似的身体,

烟消了的时候,

你遗留下的这个大国,

不是枉然吗?

他们要污辱

像高山的乔松,

你的好兄弟们。

他们企图

不使还未成熟的子弟，

来管理你的广大国土。

晃豁坛人为什么这样厉害？这样地欺侮兄弟们？你让他随便过去吗？"孛儿帖兀真泪流满面。成吉思合罕听了孛儿帖兀真的话，对斡惕赤斤说："帖卜腾格里现在就来，你会知道怎样报仇的！"于是斡惕赤斤起来拭干眼泪，到外面，准备了三个力士站在门外。不多时，蒙力克老翁领着七个儿子来了，大家一同进入帐里，帖卜腾格里坐在酒局的右边。斡惕赤斤捉住帖卜腾格里的衣领说："昨天你叫我悔过来吧？现在我们角力去！"说着就把他拖到门旁。帖卜腾格里返身也把斡惕赤斤的衣领捉住。他们两人正在互相扭捉，帖卜腾格里的帽子掉在火盆上边。蒙力克老翁拾起帽子闻一闻，揣到怀里去。成吉思合罕说："到外边去，你们摔跤比赛！"斡惕赤斤把帖卜腾格里提着拉出去，预先准备好的三个力士迎上来，捉住帖卜腾格里，折断了他的腰，抛弃在东边的车子跟前。斡惕赤斤进去说："帖卜腾格里曾使我悔过，现在角力失败了，耍赖躺在地下。"蒙力克明白了原因，流着泪说：

"当广大的国土，

还像土块的时候，

我就跟你做同伴；

当汹涌的大江，

还像小川的时候，

我就跟你认识了。"

说着晃豁坛族的六个儿子把门拦住，围绕着火盆，挽起袖子要打。成吉思合罕着急说："躲开！我出去！"就从帐内出来，近前的箭筒士和护卫等上来保护了。成吉思合罕看见帖卜腾格里腰折被弃于车前死去，使人从后帐取来一项旧帐房，搭在帖卜腾格里尸身上。然后说："备车！我们搬家！"从那里迁移了。

246.停放帖卜腾格里尸身的帐房的天窗是盖着的，门是关闭的，并派人看守着，到第二天的黎明去看，帐房的天窗开了，帖卜腾格里的尸身没有了。又详加检查，证实尸身确是失掉了。成吉思合罕说："帖卜腾格里用手脚打了我的兄弟，并用恶言离间我们兄弟，违犯了天意，把他的生命和尸身都取去了。"成吉思合罕又斥责蒙力克老翁说："你不劝戒你的儿子们的毛病，他们要和我平等，所以帖卜腾格里掉了脑袋。如果早知道你们有这样毛病，早就让你像札木合、阿勒坛和忽察儿那样地结果了。"这样斥责了蒙力克。又说："早上说的，晚上改了；晚上说的，早上改了，是可耻的。坚持以前的话，才是高尚的。"又降旨说："如果曾在态度和行为上保持分寸的时候，谁能比得上蒙力克父亲的家族呢！"帖卜腾格里死去以后，晃豁坛族的儿子们都老实了。

第十一章
出征金国、西夏、突厥、巴黑塔惕和斡鲁速惕

247.其后,成吉思合罕于羊儿年(1211年)去征伐金国。取抚州(在长城附近,现在的黑城)①,越过[张家口西边的]野狐岭②,取宣德府(在大同西北八十里处)③。派遣者别、古亦古捏克二人为先锋,到达居庸关。居庸关依山坚壁,很难攻打。者别说:"应当诱敌出寨作战。"佯作退兵。金兵看见者别引军后退,下令:"追击!"满山遍野追来。到达宣德府的山嘴,者别返军迎战,击灭了来追的敌军。成吉思合罕的中军继续到来,追击逃敌,歼灭了契丹人、女真人、主因人的精锐的勇敢的军队。直到居庸关,杀

---

① 括号内为原注。按抚州在今河北省张北县境。
② 在今河北省万全县东北。
③ 括号内为原注。按宣德府即今河北省宣化县。

的金兵尸积如山。者别占领居庸关,越过山岭。成吉思合罕驻军龙虎台。派兵去攻取中都(金国的中都,就是现在的北京)及其他各地城郡。派者别去攻取东昌(金国的东京,是现在的辽阳)。者别到了东昌,见不能直取,乃退兵,走了六天,突然返回来,率领带着从马的骑兵连夜急行,乘着金人不备,就袭取了东昌。

248.者别占领了东昌回兵与成吉思合罕会合,围攻中都城。金帝的大臣王京丞相向金帝建议说:"天地气运,到大位转移的时候了吧?蒙古人以压倒威力来了,把我们的精锐的契丹人、女真人、主因人的军马消灭了。又占领了坚固的居庸关。现在我们虽然调兵前来,但是如果再被打败,各地城郡都被占领,就不可收拾。蒙古人对我们不信任,就把我们看成敌人。皇帝恩赐:赶快和蒙古合罕讲和。讲和后,他们回去了以后,可以再想旁的主意。据说蒙古军马来到这里不耐天热。可以送些美女给他们的合罕;送些金银财宝给他们的军官,去买动他们。这个方法不知能不能行?"金帝赞同了王京丞相这个话,就照着他所说的去求和,派王京为特使出城去见成吉思合罕,送给成吉思合罕以公主,并以金银财宝等物品,慰劳各蒙古军官。成吉思合罕同意讲和,把攻打各城郡的部队调回去。王京丞相送成吉思合罕到达莫州[①]、抚州地方的山嘴,才回京去。我军驮着财宝和绫缎,饱载而归。

---

① 在今河北省任邱县境。

249. 成吉思合罕从那里往征西夏。到达后，西夏的不儿罕（国主）就投降了，并表示愿做成吉思合罕的右手，给他效力，把他的女儿察合送给成吉思合罕。不儿罕说："一听见成吉思合罕的大名，我们就害怕了。现在神驾降临，更使我们惧怕。我们惶恐的西夏，愿做你的右手，愿给你效力！"又说："我们给你出力，

我们所有的地方，

是定居的

土筑的城池。

筑室居住的

人民，

不能

紧急动员；

不能

立即赴战。

成吉思合罕恩赐！

我们西夏国，愿把

在苁苁草丛中

生长的众多骆驼

敬献给你。

把自己手织的

毛毡布匹等织物

敬献给你。

把教练好了的

鹰鹘飞鸟,

拣好的敬献给你。"

不儿罕为实践诺言,征敛了西夏百姓许多骆驼,把这些骆驼送来。

250.成吉思合罕这一次出征,使金国皇帝投降,获得大量财物和绸缎;招降了西夏(唐兀)的不儿罕,获得大批骆驼。就这样,成吉思合罕在羊儿年上出征,使金国皇帝阿忽台投降,使西夏的亦鲁忽不儿罕投降,遂回师撒阿里川驻牧。

251.其后,为了和宋朝和好,派遣主卜罕等使臣前往,途中被金国皇帝所阻。成吉思合罕于狗儿年(1214年)再度出征金国。并说:"既然和我们和平相好,为什么阻挡我们使宋的使臣?"成吉思合罕就向潼关进兵,另派者别往攻居庸关。金帝得知成吉思合罕攻打潼关,派亦列、合答、豁孛格秃儿三人率兵去增援潼关,使忽剌安迭格列人为前锋,坚守潼关,不叫蒙古兵过关!遂命令亦列、合答、豁孛格秃儿三人率兵出发。成吉思合罕到达潼关时,金兵已满山遍野。成吉思合罕就和亦列、合答、豁孛格秃儿三人交战。亦列、合答等败退。拖雷、赤古古里坚二人从旁杀来,杀退忽剌安迭格列人。杀得亦列、合答等军马,尸积如山。金帝闻知金兵被歼灭了,就从中都逃出,迁都南京(金国的南京汴梁城,今河南省开封)。余军饥饿死亡,又自相残杀,以至人相食。成吉思合罕对于拖雷、赤古古里坚二人的善战，大为赞扬。

252.成吉思合罕驻营于河西务①，继而进驻于中都的失剌客额儿地方。时者别已经攻破居庸关，从那里率兵来和成吉思合罕会师。金帝逃出中都，以合答为留守驻于中都。成吉思合罕令汪古儿司厨、阿儿孩合撒儿、失吉忽秃忽三人去中都点收金银、绸缎等物品。他们三人到时，合答捧着织金绸缎等出城迎接。失吉忽秃忽对合答说："以前这中都城及中都的财物等乃是金国皇帝的。现在中都是成吉思合罕的东西了。成吉思合罕的财物你们怎么敢暗中盗取送人？这个东西我不要。"失吉忽秃忽没有要；汪古儿司厨、阿儿孩合撒儿二人收下了。他们三人从中都点收物品回来。成吉思合罕问他们三人说："合答给了些什么？"失吉忽秃忽说："曾送来织金绸缎。我曾说：'以前这中都是金国皇帝的，而现在是成吉思合罕的东西了。合答你怎么敢暗中盗取成吉思合罕的财物送人？我没有要。汪古儿、阿儿孩合撒儿二人收下了送的东西。"于是成吉思合罕严斥汪古儿和阿儿孩合撒儿二人，夸奖失吉忽秃忽"识大体"，并说："你是我的耳目。"

253.金国皇帝在南京，为了乞和，派他的儿子腾格里带一百名随从来给成吉思合罕当侍卫。成吉思合罕答应了讲

---

① 今河北省武清县北运河西岸。

和，下令："退兵！"他自己沿居庸关回师。令合撒儿带右翼军沿着海岸行进，先攻北京（大宁城）①，叫他们投降。再经过其北女真人夫合纳处，如果夫合纳（在今内蒙古东部）想打，就打！如果投降，就从他的边境诸城，顺浯剌河—纳浯河（嫩江）前进，再溯讨浯儿河②，越过兴安岭，返回大营！这样派遣他走了。又令主儿扯歹、阿勒赤、脱栾扯儿必三人同往。合撒儿到达北京城，女真人夫合纳投降，沿途诸城也都投降了，就溯讨浯儿河，越过兴安岭，返回成吉思合罕的大营。

254. 后来，成吉思合罕因为派往撒儿塔兀勒的兀忽纳等一百名使臣被截杀了，就说："撒儿塔兀勒部切断了我们的黄金绳索，还能饶他吗？给兀忽纳等一百名使臣报仇雪恨，去征伐撒儿塔兀勒部（在中亚突厥斯坦）。正要出兵的时候，也遂合敦向成吉思合罕奏说：

"合罕

越高山，

渡大河，

长途远征，

要紧记

国家人民的管理。

---

① 金北京路大定府，原注云大宁城，是从元名。地在今热河省平泉、赤峰、朝阳等处。
② 今洮儿河，在内蒙古哲里木盟。

你亲身制订的

万姓的法令，

要完全记住。

你像高山似的金身，

如果倒塌了，

你的蒙古国家，

由谁来统治？

你像柱梁似的金身，

如果倾倒了，

你的神威大纛，

由谁来高举？

你的四个儿子之中，

由谁来执政？

儿子们、兄弟们、

属民百姓们，

以及后妃等人，

请合罕

给我们留下圣旨！"

这样地奏请。成吉思合罕降旨说："虽然是妃子，但是也遂所说的话是很对的！各位兄弟、儿子们、孛斡儿出、木合黎，你们谁也没有提出这样的话。我也好像不会追随祖先之后①似的，自己也忘了说。好像我不会死，把这个也忘掉

---

① 喻不知老之将至。

了。"又说:"儿子之中拙赤为长。你有什么说的!你说!"拙赤说话之前,察阿歹说:"叫拙赤说话,要派他做什么?我们能让这篾儿乞惕的杂种管辖吗?"(由于孛儿帖兀真曾被篾儿乞惕人俘虏,有孕归来,所以有这样话。)拙赤起来捉住察阿歹的衣襟说:"罕父还未把我当外人看待,你为什么把我这样划分出去呢?你比我有什么本事?你不过是暴躁傲慢而已!较射时,如果败于你的手下,我就把大拇指头割掉!比武时,如果败于你的手下,我就倒在地上永远不起来!——请罕父降旨!"拙赤、察阿歹二人互相扭着衣襟。孛斡儿出拉着拙赤的手,木合黎拉着察阿歹的手。成吉思合罕坐在那里不放声。阔可搠思站立在左边说:"察阿歹你忙什么?你的罕父在诸子之中是信任你的。你们出生之前,

星天旋转,

诸国争战,

连上床铺睡觉的工夫也没有,

互相抢夺、掳掠。

世界翻转,

诸国攻伐,

连进被窝睡觉的工夫也没有,

互相争夺、杀伐。

没有思考余暇,

只有尽力行事。

没有逃避地方,

只有冲锋打仗。

没有平安幸福，
只有互相杀伐。
察阿罗你说出了，
使母亲的火热的心灰冷的、
使油一般的心凝结的、
使乳一般的心腐败的
这样不中听的话！
你们是有同样温暖心肝的
孛儿帖兀真的儿子；
你们是有同样火热心肠的
同胞兄弟。
忘记了心爱的
母亲的恩情，
拿无理的话来使她伤了心的时候，
后悔也就晚了。
忘记了亲生
母亲的大恩，
拿废话来使她灰了心的时候，
以后再也不能使她愉快了。
你的神明罕父
建立完整的国家时，
不惜自己的头颅，
不惜自己的热血，
不知道合一合眼，

枕着衣袖，
铺着裙子，
以流涎解渴，
以牙肉充饥，
不屈不挠地努力，
汗流满面；
专心创建国家，
汗流脚底。
在这个时候，
你母亲曾共同辛苦。
你的聪慧的母亲，
身上穿着百结衣，
腰间系着短缀裙，
为了儿子的生长，
尽了她的一切能力，
把好吃的东西，
给天命的儿子们吃；
把好喝的东西，
先给你们喝，
抚育着亲生的儿子，
不使你们饥饿。
你要记着，
提着你的肩胛，
使你成人的大恩；

你要想着,
提着你的脖子,
使你成人的重恩。
清洗你们的脏东西,
使得你们能站会走,
把你们养活成人,
直到自己会骑马。
你们母亲的希望是:
看到爱子们的幸福。
像太阳似的聪明;
像树叶似的宽心,
你的善良的母亲,
不要使她忧愁!"

255.成吉思合罕说:"这样说拙赤,哪能行呢?拙赤不是我的长子吗?以后不要这样!"察阿歹笑着说:"拙赤的才力是不用说了。

以口杀死的,
驮载不成;
以言害死的,
剥脱不成。
父亲的长子,
是拙赤和我二人。
协助罕父,

为你出力。

谁如果逃避,

把他一刀两断;

谁如果逃脱,

把他打得粉碎。

斡歌歹仁慈,

可以推举他。

他可以在罕父跟前,

捧献王冠!"

成吉思合罕又说:"拙赤要说什么话?说吧!"拙赤说:"依照察阿歹说的,察阿歹和我二人协力效劳。推举斡歌歹!"成吉思合罕降旨说:"出力是什么?世界广大,江河众多。使你们攻占外国,去各自分配,扩大各自的牧地。又拙赤、察阿歹你们二人要实践誓言,不要使百姓笑话,使人们耻笑,要和睦。以前阿勒坛、忽察儿二人也是说过这样话,然而并未实践诺言,生出坏心。你们是知道怎么样的了。现在把阿勒坛、忽察儿二人所属的百姓分赐给你们二人,可以作为殷鉴!"又说:"斡歌歹有什么说的?快说!"斡歌歹说:"罕父恩赐,让我说话,我有什么话可讲?我难道能够说不行吗?要勉力去做!但是我的后代子孙,如果虽然包着草,但是牛也不吃;虽然包着油,但是狗也不吃,像这样的东西,那只有使他们去射罕答孩①,去打田鼠。除此

---

① 野兽名,似鹿,俗称四不像。

而外，还能说什么？"成吉思合罕听了这话，降旨说："斡歌歹说的话是对的，拖雷你还有什么话说？快说！"拖雷说："我愿在罕父所提名的兄长跟前，他忘了的使他记起；他睡着了使他醒来。作为他的传声筒，作为他的骑马鞭，参加他的远征，协助他的近战！"成吉思合罕赞同了，而且降旨说："合撒儿使其一子承继！阿勒赤歹使其一子承继！斡惕赤斤使其一子承继！别勒古台使其一子承继！同时我也使一子承继罕位！对于我的圣旨，不要更改，不要间断，不要贻误，不要失错，凛遵奉行！斡歌歹的后代，如果虽然包着草，但是牛也不吃；虽然包着油，但是狗也不吃，像这样的东西，难道我的后代子孙中连一个好的也不会有吗？"

256. 成吉思合罕［西］征时，使人去对西夏的不儿罕说："你不是说过做我的右手吗？现在我要去征讨撒儿塔兀勒，报复切断我黄金绳索之仇。你做我的右翼出兵！"使者去到那里，不儿罕说话之前，阿沙敢不说："力量不够，怎么能够为合罕？"不发援兵，却说了这样大话，打发使者回来。成吉思合罕说："阿沙敢不为什么说这样的话？先去征讨他，是应该的吧？然而因为决定去征讨另一个地方，这一次不理他。长生天佑护，胜利回来，那时一定去征讨！"

257. 兔儿年（1219年），成吉思合罕携带忽阑合敦，以少弟斡惕赤斤那颜留守大营，越过阿剌岭，出征撒儿塔兀勒。派遣者别为先锋；者别之后以速别额台为援军；速别额台之后以脱忽察儿为援军。这三个人出发时，成吉思合罕嘱咐说："要从莎勒坛①罕的牧地的外边走过，到了那边，我们赶到，再合在一起。"者别经过篾力克罕城②时从旁边过去，丝毫没有什么惊动。其后速别额台也照样毫无惊动地过去。其后脱忽察儿经过时，竟掳掠篾力克罕边境城镇。篾力克罕听说边城被破，惊慌逃走，去和札剌勒丁莎勒坛相合，来与成吉思合罕迎战。成吉思合罕的前边是以失吉忽秃忽为先锋。札剌勒丁莎勒坛、篾力克罕就和失吉忽秃忽开战，一直追打到成吉思合罕营前。那时者别、速别额台、脱忽察儿三人从札剌勒丁、篾力克罕的后面杀来，遂战胜了，并加以追击。札剌勒丁莎勒坛、篾力克罕逃经不合儿③、薛米思加卜、兀答剌儿等城都未敢进去，直到申河④，撒儿塔兀勒的军队，坠入申河，淹毙了不少。札剌勒丁莎勒坛和篾力克罕二人仅以身免，溯申河逃走。成吉思合罕溯申河而上，攻取巴惕客先城，到达额客河、格温河⑤，到达巴鲁安川地方驻营。派札剌亦儿族人巴剌去追击札剌勒丁莎勒坛和篾力克罕二人。成吉思合罕夸赞者别、速别额台二人说："者别你的名字原来叫作只儿豁阿歹，从泰亦赤兀惕部来到，才改名者别。"脱忽察儿从篾力克罕的边城经过，随便掳掠，以致篾

---

① 莎勒坛，译言国王，就是罕。这是指撒儿塔兀勒的国王札剌勒丁说的。
② 今乌兹别克斯坦共和国的布哈拉。
③ 今土库曼斯坦共和国的阿姆河以西。
④ 今印度河。
⑤ 额客河、格温河，旧属译作子母河，实为二河。

力克罕开始敌对。依法当斩,但赦免未斩,予以申斥,革去军职。

258.成吉思合罕自巴鲁安川回兵,使拙赤、察阿歹、斡歌歹三个儿子带右翼军,渡阿梅河①,去攻取兀笼格赤(郭尔嘎那赤)等城。使拖雷去攻取亦鲁、亦薛不儿等城。成吉思合罕在兀的剌儿城驻营。拙赤、察阿歹、斡歌歹三子派人来奏说:"军马准备妥当了。到达兀笼格赤城。我们应当听谁的话?"成吉思合罕降旨说:"还是听斡歌歹的话!"

259.成吉思合罕驻营于兀的剌儿城,又迁驻于薛米思加卜城,又从薛米思加卜城迁驻不合儿城。成吉思合罕在那里等候巴剌那颜,住在阿勒坛豁儿合纳的山梁上回王过夏的地方,使人去对拖雷说:"夏天很热,军马需要休息。你到我这里来!"那时拖雷攻取了亦鲁城、亦薛不儿城,攻破了昔思田城,正要破出黑扯连城,使者到达。拖雷便攻破了出黑扯连城撤兵,来和成吉思合罕会师。

260.拙赤、察阿歹、斡歌歹三子进入兀笼格赤城,三个人把各城及其百姓分取了,一点也未留给成吉思合罕。三子一回来,成吉思合罕对拙赤、察阿歹、斡歌歹三子发怒,三天未见。于是孛斡儿出、木合黎、失吉忽秃忽三人奏说:

---

① 即今土库曼斯坦共和国的阿姆河,蒙古军渡河处在今布哈拉东南。

"为了平服强横不逞的撒儿塔兀勒的莎勒坛,我们攻取他们的城池和百姓。攻取的兀笼格赤城,虽然都被儿子们分了,但也等于成吉思合罕所有。承天地增加气力,是这样把撒儿塔兀勒的百姓平服了,我们的军队都很欢喜。合罕你为什么发怒呢?儿子们已经知罪惧怕了!已经给予教训了!使儿子们以后要谨慎。合罕恩赐,叫儿子们谒见吧?"成吉思合罕怒息,命拙赤、察阿歹、斡歌歹三子来见,责备一番,引证着祖言、古语训诫。三个儿子被责,战栗着站立在那里,汗流满面。晃孩、晃塔合儿、搠儿马罕三个箭筒士对成吉思合罕奏说:"像刚出窠的鹰雏一般,儿子们刚一出征,就这样地教训,恐怕使儿子们灰心,怎么可以这样责备呢?儿子们已经知惧心戒了。从日出到日落,敌人还很多。像指挥吐蕃狗(咬人的狗)似的,让我们去讨伐敌国,蒙天地佑护,增加气力,给你取来金银、绸缎等物!如果使往他国,那里有巴黑塔惕部百姓的合里伯莎勒坛。(巴黑塔惕是印度和伊朗以西的幼发拉底河畔的大城。)①我们可以去攻取他!"成吉思合罕考虑了这个话,称是,怒息了。赐旨晃孩、晃塔合儿和搠儿马罕三个箭筒士,对阿答儿斤族人晃孩、朵笼吉儿歹族人晃塔合儿二人说:"留在我的跟前!"命令斡帖格歹族人搠儿马罕去征伐巴黑塔惕国的合里伯莎勒坛。

261.又在欣都思(印度)和巴黑塔惕之间有阿鲁、马鲁、

---

① 括号内为原注。按巴黑塔惕,或作报达,即今伊拉克首都巴格达。

马答撒里等国的阿卜秃城，命合朵儿边族人朵儿伯多黑申去征伐。

262.又令速别额台把阿秃儿去征伐北方的康里、钦察、巴只吉惕、斡鲁速惕①、马札剌惕、阿速惕、撒速惕、薛儿客速惕、客失米儿、孛剌儿、剌剌勒等十一部国，渡亦札勒河、札牙黑河，直抵乞瓦绵、客儿绵城等地。

263.成吉思合罕既占领撒儿塔兀勒，降旨每一个城，都设上答鲁合臣②，从兀笼格赤城来了姓忽鲁木石的撒儿塔兀勒人，名叫牙剌哇赤、马思忽惕父子二人，和成吉思合罕谈论各城各地的风俗习惯。由于他们深切了解各城各地的风俗习惯，就使忽鲁木石马思忽惕和蒙古的答鲁合臣一同镇守不合儿城、薛米思加卜城、兀笼格赤城、兀丹城、乞思合儿城、兀里羊城、古先答邻勒城。把忽鲁木石牙剌哇赤带回，使镇守金国的中都（北京）。因为牙剌哇赤、马思忽惕深知各城的情况和制度，所以派撒儿塔兀勒人为管理金国的蒙古答鲁合臣跟前的参议。

264.成吉思合罕征伐撒儿塔兀勒七年，在那里等候札剌亦儿族人巴剌那颜。那时巴剌那颜渡过申河，追赶札剌勒丁

---

① 斡鲁速惕，就是俄罗斯。
② 镇守长官，《元史》作达鲁花赤。

莎勒坛和篾力克罕二人到达欣都思，因为札剌勒丁莎勒坛和篾力克罕二人已经失踪，所以掳掠了欣都思边境上百姓的许多骆驼、牛羊等，带回来。成吉思合罕从那里回兵归途中，在额儿的失河上过夏。鸡儿年（1225年）的秋天，回到土兀剌河的黑林地方，搭立起大宫帐住下了。

第十二章 成吉思合罕之死及斡歌歹的即罕位

265. 过冬，要去征伐西夏，重新点验了军马。狗儿年（1226年）的秋天，成吉思合罕去征讨西夏。带着也遂合敦。途中到了冬天，在阿儿不合地方围猎野马。成吉思合罕骑的是一匹青豹花马。许多野马跑过，青豹花马受惊，成吉思合罕坠下马来，受伤很重，就在搠斡儿合惕地方驻营。过了一夜，次晨，也遂合敦说："皇子们、大臣们商议！合罕的身体夜间体温极高。"皇子们、大臣们开会，晃豁坛族人脱栾扯儿必说："西夏百姓是定住的，是筑城而居的，所以他们如果抛弃了居室城池，还能够往哪里去呢？我们回师，等待合罕的身体好了，再去征讨他！"皇子和大臣们都赞同这个话。奏知成吉思合罕。成吉思合罕说："这样，西夏必定以为我们畏怯才回去了。我们先派一使臣去，在使臣回来以前，我在这搠斡儿合惕地方休养，得到西夏答复以后，再回去。"遂派遣使臣，赍歌（凡公文编成诗句，易记，称之为歌）前往，说："不儿罕，你以前曾经说过以西夏百姓做我们的右手。依照你说的话，我们去征伐撒儿塔兀勒百姓出发时，曾通知你，不儿罕你把你自己说的话不算话了，不但不出兵，反倒说下大话来讥笑。那是因为我们决定去征伐他国，所以留待后来再说，先出发去征伐撒儿塔兀勒。蒙长生天佑护，征服了撒儿塔兀勒百姓，现在来和不儿罕你算一算账！"不儿罕说："讥笑的恶言我没有说过。"阿沙敢不说："我说过讥笑的话。现在蒙古人要来攻战，要打的话，我们全阿剌筛①地区有很多帐房；有很多骆驼驮子的人们。要进犯阿剌筛，请来！我们在那地方打！如果需要金银、绸缎和财宝，请到宁夏西凉来②！"使臣回来禀告了成吉思合罕。那时成吉思合罕正在发烧，便说："你们看！他们说出这样的大话，我们怎么可以回兵呢？就是死了，也不能使他说出这样大话。长生天，你知道！"成吉思合罕遂向阿剌筛进兵，和阿沙敢不交战，围困了阿剌筛，捕捉了阿沙敢不，把他们的有帐房、有骆驼驮子的百姓像尘土似的消灭了。降旨："西夏人傲慢不逊的都杀戮了，他们投降的，我军可自由捕掳！"

266.成吉思合罕在察速秃山过夏。派兵去收捕了跟着阿沙敢不逃匿上山的有帐房、有骆驼驮子的西夏人。成吉思合

---

① 今贺兰山，又称阿拉善山。
② 指今甘肃河西一带而言。

罕对孛斡儿出、木合黎二人说："尽量地收捕西夏百姓！"降旨说："孛斡儿出、木合黎二人以前没有赐给你们金国百姓。金国的百姓主因人你们二人平分了吧！使他们壮年的男子随从擎鹰！使他们美貌的女子给妇人们整理裙子！以前，金帝曾经用这些人为亲信，就是谋害蒙古父祖的黑契丹的主因族人。现在我的亲信不就是孛斡儿出、木合黎你们二人吗？"

267.成吉思合罕从察速秃山移动，驻营于兀剌孩城①。又从兀剌孩城出动，攻破朵儿篾该城（灵州）②。不儿罕来谒见成吉思合罕。在那里不儿罕奉献金佛、金银、碗筷、器皿、子女以及马驼等物，都是以九九之数为礼，前来拜谒。令不儿罕在门外朝见了。谒见的时候，成吉思合罕心里难过。第三天上，成吉思合罕降旨："赐亦鲁忽不儿罕名叫失都儿忽。把失都儿忽叫来。令脱栾扯儿必把他斩了！"于是脱栾扯儿必把失都儿忽斩了回奏。成吉思合罕降旨说："当和西夏来算账的时候，途中走在阿儿不合地方，我因为围猎野马，身体受伤，那时脱栾你就提出爱护我的身体的话。我们因为愤恨敌人的恶言才出兵。蒙长生天赐增气力的大恩，平服了敌人，报仇雪恨。这不儿罕献来的宫帐（行宫）、碗筷、器皿等脱栾你拿去吧！"

268.征服了西夏国，赐亦鲁忽不儿罕名叫失都儿忽并且

---

① 兀剌孩城，即今宁夏回族自治区银川市。
② 今宁夏回族自治区灵武县。

把他斩了，将西夏的百姓斩草除根地都杀戮了。（不留子遗，故有此记。）并令在饮食的时候必须说："斩草除根，灭尽西夏人！"这样地降旨了。由于西夏国自己说的话，他自己失信，所以再度来征讨，这就把西夏灭亡了。猪儿年（1227年）〔七月十二日，在灵州城——AT〕，成吉思合罕逝世。逝世前，分给了也遂众多的西夏百姓。〔车载国主的金棺前进。雪你惕族人吉鲁格台把阿秃儿唱诗赞说：

"普天下的合罕，我的国主，

成为鹰翅飞翔去了；

成为大车的载荷而去了；

成为鸟翅飞翔去了；

成为列车的载荷而去了。"

这样赞唱完了。走到木纳忽格合黎地方，大车毂轮陷进地里不动，用五匹骏马也挽不动。全体部众都束手无策。雪你惕人吉鲁格台把阿秃儿奏说：

"奉天承运降生的

我的圣主！

你弃掉天下而去了吧？

你征战建立的国朝，

你福寿的皇妃和皇子，

你出生的故乡和故土，

帖木真国主，他们都等候你。

你圣明建立的王朝，

你的众多属国，

你的亲爱的皇妃和皇子,

你的黄金宫殿,

还在遥远的地方。

你领导建立的国家,

你心爱的皇妃和皇子,

你的蒙古亲族们,

你的国家百姓们,

你所出生的迭里温孛勒答黑地方,

还在遥远的地方。

以野儿马顶毛做成的

你的旗帜和速勒迭①,

你的战鼓和号角军笳,

你的全国百姓,

你的原野乡村,

还在那儿,我的国主!

你在成功之前知遇的

你的孛儿帖兀真,

你的福地故乡,

你的孛斡儿出、木合黎同伴,

你的伟大国土,

还在那儿,我的国主!

神变而知遇的

---

① 速勒迭是一种带缨的长矛。时蒙古人视为神器。

你的忽阑合敦,

你的音律乐声,

你的全国百姓,

你的福地故乡山水,

还在那儿,我的国主!

由于合里温山的温暖,

由于西夏百姓的众多,

由于妃子和姑娘们的美丽,

你忘了全部蒙古吗?

我的可敬爱的国主!

你虽然失去了生命,

但是要把你玉宝似的灵躯,

护送回去,我的国主!

要使孛儿帖兀真合敦看看,

要护送你回国。"

这样地奏说过后,

合罕垂恩了。

车子哼的一声动起来。

所有的部众皆大欢喜。

送到了合罕的陵地。

永远地安葬在那儿。

作为合罕、宰相们的支柱,

作为全国百姓的守护神,

搭起了八个白帐房供祭。

传令全国，把合罕

穿的衣服，住的宫帐

和衣带、裤子也埋葬在那儿。

真实的陵地，有人说

在不儿罕山，有人说在阿勒台罕山之阴、肯特山之阳的也客斡答黑地方。——AT]

269.鼠儿年（1218年），察阿歹、巴秃等右翼诸皇子；斡惕赤斤那颜、也古、也松格等左翼诸皇子；拖雷等在内诸皇子、公主、万户、千户等那颜举行大会于客鲁涟河的阔迭额阿剌勒地方（今之巴彦乌拉干山），遵照成吉思合罕遗旨，推举斡歌歹为合罕。察阿歹选他兄弟斡歌歹为合罕，并和拖雷二人把护卫成吉思合罕金身的宿卫、箭筒士、一千散班、罕父的贴身近侍的一万护卫交付给斡歌歹，依礼把国权也交付给斡歌歹合罕。

270.斡歌歹既被立为合罕，近侍一万护卫和国家大权都归他掌管。先与察阿歹兄商量，前曾派搠儿马罕箭筒士去征讨成吉思合罕父未征服完毕的巴黑塔惕百姓的合里伯莎勒坛，现在再派遣斡豁秃儿、蒙格秃二人去增援。又以前派遣速别额台把阿秃儿去征伐康里、钦察、巴只吉惕、斡鲁速惕、阿速惕、撒速惕、马札剌惕、客失米儿、薛儿客速惕、字剌儿、剌剌勒①等部国，渡亦札勒河、札牙黑河，直取篾

---

① 这个地名，原文及汉文音译本都作客列勒，为了统一译名，根据第262节改为剌剌勒。

客惕绵、客儿绵、客亦别诸城。现在闻听各该国百姓抵抗很顽强，所以加派巴秃、不里、古余克、蒙格等皇子去增援。这些远征的皇子和大臣们以巴秃为首领导！这样降旨了。由大内出去的禁兵，以古余克为首领导！这样降旨了。这次远征，凡是主藩国的皇子都派其长子从征！其未主藩国的皇子、万户、千户、百户、十户等那颜无论何人，也应该派其长子从征！公主、驸马也同样派其长子从征！这样降旨了。斡歌歹曾说："这派遣长子出征的意见是察阿歹兄提出的。察阿歹兄曾说：增援速别额台可令诸皇子的兄长出征。如果以长子出征，则兵多将广。兵多了就表现威力强大。那里的敌人多，敌国广；那里的国家百姓也厉害。据说愤怒的时候，用刀能砍死自己，而武器也很锐利。依照察阿歹兄这样谨慎的话，所以派遣长子出征！晓谕各处知悉。派遣巴秃、不里、古余克、蒙格等出征的原因就是这样。"

271.又斡歌歹合罕派人去和察阿歹兄商议说："我坐了成吉思合罕父现成的大位，人们会说我凭什么贤德坐了合罕大位？我不是说过吗？察阿歹兄如果赞同，我们去征伐罕父出征未竟全功的金国皇帝！"使者去说了。察阿歹兄同意说："有什么困难？后方大营应当委付可靠的人守护着！我从这里发兵！"于是派斡勒答合儿箭筒士留守大营。

272.兔儿年（1231年）斡歌歹合罕出征金国，以者别为前锋，杀得金兵尸积如山，越过居庸关，攻破了各地许多城池。那时，斡歌歹得了病，口不能言。请巫卜治疗，说是金国的山川鬼神愤怒百姓财产的被破坏、城镇的被破灭，所以对合罕为害。以人身、财物、金银、牲畜和食品代赎作替，都不见效，而且病更加沉重了。说要以亲族的人作替身。合罕忽然睁开眼睛，要水喝，问说："怎么的了？"巫师等说："金国的山川鬼神因为土地和百姓被破坏，所以来作祟。现在用各样东西代赎作替，都不答应，而且更恼怒了。但是说以亲族的人作替身，就可以答应，病是可以好的。现在怎么办？请旨！"斡歌歹降旨说："哪位皇子在我的跟前？"拖雷在跟前说："我的神圣的成吉思合罕父，在你上有兄长，下有诸弟之间，像选骟马似的，像选羯羊似的，使罕兄你承继了大位，承当了统驭万国的至高的任务。叫我在罕兄的跟前把忘了的提起来，睡着了唤醒来。现在如果罕兄失去了，我还提起谁忘了的事？我还唤醒谁？的确的，罕兄如有差错，蒙古国是孤立了，金国就快意了。我代罕兄赎身！我劈鳟鱼之背，我断鳟鱼之背，我曾战胜公开的敌人，镇压暗藏的敌人。我的面美背又高。巫师你念咒吧！"巫师念咒，使拖雷饮了神水，坐了一会儿说："我昏迷了。我醒过来以前，请罕兄照料抚育我的孤儿、幼弟和寡妇别鲁迭！我的话说完了，昏迷了！"出外就死了。

273.斡歌歹征服了金国，把金国皇帝称作"小厮"（奴隶），没收了他们的金银、织金绸缎、马匹和人口等，在那儿设置了管理官、知事官，并在南京、中都及各城设置了答鲁合臣。平安旋师，回到合剌豁鲁麻城①驻营。

274.掷儿马罕箭筒士降服了巴黑塔惕国。那里的土地好，出产多。斡歌歹合罕降旨说："令掷儿马罕为该地管理官（探马赤），每年以黄金、金首饰、立柜、蟒袍、头巾、绸子、珍珠、大珠、长颈高腿大马、骆驼、骡子等物进贡！"去增援速别额台的巴秃、不里、古余克、蒙格等皇子降服了康里、钦察、巴只吉惕，渡过亦札勒河、札牙黑河，攻破篾客惕绵，屠杀斡鲁速惕国。降服阿速惕、撒速惕、孛剌儿、客儿绵、乞瓦等城。并在各地设置了答鲁合臣之后回兵。派遣也速迭儿箭筒士去增援以前去出征女真和高丽的札剌亦儿台箭筒士。就使他们为各该地的管理官！这样地降旨了。

275.巴秃从钦察遣使秘奏斡歌歹合罕说："蒙长生天大气力，罕兄的英明，攻破了篾客惕绵，抢掳了斡鲁速惕国的百姓，降服了十一个国家。因为快要分手，搭起大帐设宴。在这个宴会上，因为我是诸皇子的长兄，先多饮了一二杯酒，不想不里、古余克二人就骂我，退席出去。走的时候，不里说：'巴秃和我们是一样，为什么先饮酒？把这计较地位的带胡须的老婆早就该践踏在脚底下！'古余克说：'我们二人早就应该用木棒击打那带弓箭的老婆！'额勒只格歹的

---

① 旧译岭北，指和林等地，即今蒙古人民共和国杭爱山以北的地方。

儿子哈儿合孙说：'应当给他们带上木尾巴①！'我们虽然和他谈到我们处在异国的情况，但是不里、古余克二人说出这样的恶言，所以就不欢而散。现在怎么办，请示罕叔！"

276.斡歌歹合罕听到巴秃这个话，很是恼怒。不叫古余克朝见，说："这样下贱的东西，听了谁的话，敢口骂兄长？这个坏蛋是腐烂了，竟敢反对兄长。使他戍守异国，去攻打像山一样的城池，直到十个手指甲磨光！使他戍守远方，攻打坚固的城池，直到五个手指头磨掉！坏蛋哈儿合孙，你学谁，口骂我们的亲族？古余克、哈儿合孙叫他二人一同走，本来应当把哈儿合孙斩杀，然而恐怕别人说我偏心。关于不里，告诉巴秃，叫他把这情况去告给察阿歹兄处理！"

277.皇子忙该、大臣阿勒赤歹、晃豁儿台、掌吉等奏说："成吉思合罕给你有命令：朝外的事，由朝外办；朝内的事，由朝内办。合罕现在怒恼古余克，这是朝外的事情。合罕恩赐：这个事件可以交给巴秃去处理吧？"斡歌歹同意了这个话，怒息，令古余克来谒见，训斥他说："听说你在出征的途中，把有屁股的人都打了屁股，你把军人的脸皮都丢完了。你以为斡鲁速惕国是由于害怕你的暴躁而降服的吗？你自己觉得好像你一个人平服了斡鲁速惕国，而骄横起来，竟敢反抗兄长了吗？成吉思合罕父遗旨：'人众有力，水深可

---

① 讥讽懦弱，原为吐蕃语。吐蕃重战死，临阵败北的，悬狐尾于其首，表示狐狸一样的懦弱。这里就是取这个意思。

怕!'本来是在速别额台、不者格二人掩护下进兵，才降服了斡鲁速惕、钦察诸国。你首次出门，未掳获斡鲁速惕、钦察一人，未获得一只山羊蹄，就这样逞能，说出许多闲话，就是你自己对吗？又阿勒赤歹、晃豁儿台、掌吉是平息我的心头怒火的同伴，是制止沸水的杓子，使我息怒。因为是朝外的事情，所以应当把这件事交给巴秃去办。古余克、哈儿合孙二人交给巴秃议处！不里交给察阿歹兄处理！"

278. 斡歌歹又降旨说："护卫我成吉思合罕父的宿卫，以及箭筒士、散班全体护卫等一体知照：各应遵照罕父前旨行事！箭筒士、散班照旧每日轮值，太阳一落，把职位交与宿卫，出外住宿，夜里由内箭筒士宿卫护守！日落后，在夜里如发现行人，由宿卫逮捕之！众人散后，除值班宿卫之外，如有旁人进入宫帐，宿卫可砍掉他的头！夜间有来禀报重要事情的人，可与宿卫一同站立在宫帐后禀报！出入宫内的人物等着由晃豁儿台、失刺罕二人与宿卫一同主持！以前曾有额勒只格歹虽然是亲信的人，夜间在宿卫跟前行走，被宿卫逮捕，所以虽然是亲信的人也不许走近宿卫的跟前！不许打问宿卫的人数，不许在宿卫的跟前行走！不许在宿卫之间行走！如有在宿卫跟前行走，在宿卫之间行走的人，即由宿卫拿办！如有打问宿卫人数的人，就把该犯的骑马、鞍子、辔头和全身衣服一同没收！宿卫座上谁也不许坐！宿卫保管旗帜、鼓乐、武器和杯皿！宿卫掌管饮食、酒、奶子、肉、汤！掌管宫帐和车子！我不亲自出去作战，宿卫不得单独参战！我出去围猎的时候，宿卫一部分守护宫帐和车子；一部分和我同去！宿卫察看牧地，迁移或驻扎行宫！宿卫永远是宫帐大门的守卫者！全体宿卫由千户那颜合答安管理！又宿卫值班的那颜为合答安、不剌合答儿二人。一班预备，一班巡察，在宫帐的左右分别巡守！以阿马勒、察纳儿二人为一班，在宫帐的左右分别巡守！以合歹、豁里合察儿二人为一班入值，在宫帐的左右分别巡守！以牙勒巴黑、合剌兀答儿二人为一班入值，在宫帐的左右分别巡守！又以合答安、不剌合答儿班，阿马勒、察纳儿班，这两班的巡察，驻守于宫帐的左面！以合歹、豁里合察儿班，牙勒巴黑、合剌兀答儿班，这两班的巡察，驻守于宫帐的右面！这四班宿卫由合答安那颜统率！又宿卫在我的禁宫周围，看守门户！宿卫二人入宫，掌管酒局！"这样降旨了。"又管理箭筒士的也孙帖额、不吉歹、火儿忽台黑、剌卜剌合这四个人分为收管弓箭的散班的四个班，管理每班箭筒士的入值！"这样降旨了。"又护卫的班长由以前的掌管者的亲族中选择，以前掌管者阿勒赤歹、晃豁儿塔孩二人为一班入管护卫！帖木迭儿、者古二人为一班入管护卫！忙忽台为管理护卫的预备班！"又合罕降旨说："全体大臣以额勒只格歹为长，遵照额勒只格歹的话行事！各班巡察如有误时者，依前旨鞭三条！如再犯，鞭七条！又该人无故或未得其首长准许，三次再犯，视为故意违犯我的旨意，鞭三十七条，流放无人烟的远处去。又各班长以所属护卫队形不整而入值者，罚他的班长！又班长轮班三次，应将此旨对所属晓谕一遍！所属有不了解此旨的，以班长是问！又各班长对于和他共同巡察的所属护卫不得以首长自居，任意打罚。他们如果违犯法令，送到我这里来！可杀则杀，可罚则罚。如果自以为首长不禀报我，而动手脚责打了我的护卫，则以拳打的，还之以拳打，以杖击的，还之以杖击。我的护卫比在外千户那颜的地位高，在外的千户那颜和我的护卫吵架，罚千户那颜。"这样降旨了。

279. 斡歌歹合罕又降旨说："成吉思合罕辛苦建立的国家，应该让它安宁，使百姓有所措手足。承继了罕父的现成的大位，这就不应该再使百姓受苦。一、汤羊：令各百姓每一群羊，每年只出二岁羯羊一只。又百羊出羊一只，以救济其部内的穷苦百姓。二、各兄弟军马每次聚会，聚会的费用多从百姓那里征取，这是不应该的。可由各千户各出骒马，并出挤马奶人和牧马人，常川轮流值班。三、大臣、各兄弟聚会，常有赏赐。因此，缎匹、银子、乘轿、弓箭、衣甲和器械等应当贮藏于仓库，并且应当加以看守。可于各处选派司库、司粮（看粮官）看守。四、分配部众百姓时，关于牧地的分配、选择、定居，应由各千户派出司营管理。五、荒原戈壁地方的牧地，除野兽之外，没有其他动物。百姓希望居住在广阔的地区。因此，派察乃、畏兀儿台二人为司营，去荒原戈壁地方掘井取水。六、使臣来往，路远行迟，给予居民的累赘很多。现在可经常由各千户出站户和马夫，在各地设立驿站，使臣来往可以不惊扰百姓，沿着驿路前来。这些事情是察乃、不剌合答儿二人提出的，这都是对的，但是应当告知察阿歹兄。派人去问察阿歹兄的意见，请他决定，是否可以。回答是完全同意。他说'照那样做吧！'又察阿歹兄使人来说：'我由此地设立驿路。又从此地遣使往巴秃那里，使巴秃由那里设立驿路到我这里取得联系！'又派人来说：'全国设立驿路，这是一件极好的事情！'"

280.斡歌歹说："这件事，察阿歹兄、巴秃等右翼诸皇子、兄弟等；斡惕赤斤那颜、也古等左翼诸皇子、兄弟等；在内的公主、驸马、万户、千户、百户、十户等那颜都一致赞同了。赞同的是：大合罕（大合罕是斡歌歹与小罕之别，他自称大合罕或大海合罕）的汤羊所用：每年每一群羊出二岁羯羊一只。又百羊出一岁羊一只，以救济穷苦百姓。设驿站，置站户和马夫，使各处百姓免去惊扰，并便利使臣来往。这是大家都赞同的。又去和察阿歹兄商量，察阿歹兄也赞同了。所以通令全国各千户遵照合罕圣旨，每年一群羊出二岁羯羊一只。又一百只羊出一岁羊一只。出骡马，设马夫。派遣马夫、司库、司粮。出站户、马夫及勘定设立驿站地点，开辟驿路。命令阿剌浅、脱忽察儿二人掌管。每一站设置驿马二十匹，马夫二十名。驿马、汤羊、乳马、挽牛、驮车等都有定数。如果缺少一条短绳，割去他半片嘴唇；如果缺少车辐，割去他半边鼻子。"

281.斡歌歹说："我自从承继父亲的大位以来，我曾经做过下列各事：第一，我征服了金国。第二，为了便利使臣来往，设立了驿站。第三，在没有水的地方掘井，使百姓获得丰富的水草。第四，于各城郡设置了知事官、管理官等，使全国百姓平安居住。这是我于罕父逝世后所增做的四件事。又我自坐罕父大位，接受统治万国的大业以来，竟嗜好饮葡萄酒，这是我的第一个不对。第二，非礼听信了妇人的话，娶斡惕赤斤叔父所属部众中的女子，这也不对。身为国主，不应当非礼做这样坏事。第三，不应当暗害朵豁勒忽。这为什么是不对呢？因为他是我的罕父跟前的头等战士，我听信谗言把他害了。现在我的跟前，还有谁能赶上他？我把罕父跟前的忠义的人暗害了，我自知错误。第四，为了怕承受天命而生的野兽跑到兄弟们的牧地里去，建筑围墙阻挡，以致兄弟们发出怨言。这也是我的一个错误。罕父逝世后，增做了四件事，也做了四件错事！"

282.大聚会，鼠儿年（1240年）七月，写毕于客鲁涟河的阔迭额阿剌勒地面的朵罗安孛勒答合和失勒斤扯克之间的行宫。

附 录

《元朝秘史》及其复原(节选)

亦邻真

13世纪时,在勃兴的蒙古汗廷修纂着畏吾体蒙古文史乘,称为脱卜赤颜(tobciyan,汉译"国史")。随着蒙古汗国的扩张和元朝的建立,脱卜赤颜成了外人不得窥见的内廷秘藏。元廷在1368年被逐出内地,迁回蒙古高原,皇家秘笈脱卜赤颜在旷日持久的战乱里落到明人手中。

在蒙古高原,脱卜赤颜的某种传抄本被保存下来,流传很久。虽然现在已经看不到传抄本本身,但是在17~18世纪成书的罗藏丹津《黄金史》中可以看到大量的移录,这就是明人题为《元朝秘史》(以下简称《秘史》)的著名史书大约三分之二的史文,罗藏丹津《黄金史》是一部藏式贝叶装手抄本,是1926年蒙古人民共和国经籍馆馆长札姆扬从喀尔喀车臣汗部三贝子旗的一位永谢布氏台吉家发现的,现藏乌兰巴托国家图书馆，札姆扬曾经为伯希和亲自手抄一份，这部抄本现藏于巴黎国立图书馆。1937年，在乌兰巴托铅印出版了罗氏《黄金史》，1952年哈佛大学出版社曾予影印重版。1984年，在呼和浩特出版了乔吉校注本。在罗藏丹津《黄金史》中，收有《秘史》第1~38、40~176、208~254、256~266、268节的蒙古文，史文有相当多的修改和讹抄，而且个别节移录不全。这就是我们今天能够看到的脱卜赤颜或《秘史》的蒙古文原文。

落入明人手中的脱卜赤颜的畏吾体蒙古文早已佚失。流传至今的是特殊形式的汉字史籍《元朝秘史》。这部书同一般汉籍不同。正文是用汉字音写的蒙古语。在正文旁边逐词注有汉译，称为傍译。全书分为282节，每节之后附有小字低行的汉文缩译，称为总译。这些音写和译注都出自明翰林译员手笔。十之八九就是1382年奉命编写《华夷译语》的翰林侍讲火源洁和编修马沙亦黑等人的译作。明人把这部书当作蒙古语教材，用来训练通事和译字生，所以才作了这么多的加工。

《秘史》在明代就分为十二卷刊本(正集十卷、续集二卷)和抄入《永乐大典》的十五卷本。十二卷本和十五卷本除了刊刻和抄写中发生的讹文，内容是一样的。

十二卷本原是明刻，但现在只留下了残叶，完整的本子则是明刻的影抄本。1805年，顾广圻监抄张祥云的家藏；1936年，商务印书馆把顾氏监抄本收入《四部丛刊》三编影印，并且以赵万里从故宫内阁大库发现的明刻本41枚残叶替换了抄本中的相应部分。四部丛刊本舛讹较少，是目前最好的本子。

1885年，文廷式转抄了顾氏监抄本。1908年由叶德辉刊行，称观古堂本，也称为叶德辉本，因为它是顾本的派生物，没有独立的版本价值。

在清代，许多学者抄录或再转抄《永乐大典》十五卷本。国内现有好几部抄本，有的质量颇好。可是现在通行的十五卷本是苏联学者潘克福1962年在苏联东方文献出版社影印出版的抄本。1872年，俄国驻北京主教鲍乃迪买到韩泰华家藏的十五卷抄本，后来送回俄国。东方文献出版社影印出版的就是这个本子。因为是再转抄的，这个本子舛讹很多。

四部丛刊本、观古堂本和东方文献出版社本，当前通行的就是这三种。

《秘史》这部书有多方面的研究价值。它首先是一部史书，写了成吉思汗的先祖谱系和成吉思汗一生的事迹，还写了窝阔台汗统治时期的历史。然而这部书的史学价值远远超出了孛儿只斤皇家纪传的狭小范围，它是古代蒙古社会历史的百科全书。从《秘史》中可以看到古代蒙古社会的生产活动的生动记录，看到社会组织发展和变化的情形。书中留下了古老的斡孛黑、牙孙、亦儿干——大体相当于氏族、胞族、部落——发生和发展的痕迹，还展示了牧人比邻村社形成的过程。它提供了游牧生产中人与人的社会经济关系的珍贵资料。从书中，可以清楚地看到草原贵族如何统治依附于他们的牧业人口，他们大大小小的斡耳朵是如何组成的。

《秘史》向人们展示了部落战争的画面：残酷的屠杀和人口掠夺打乱了血缘脐带关系。对研究古代蒙古社会结构和政治、军事机构的人来说，《秘史》是第一流的珍贵资料。在《秘史》中反映出的古代蒙古的社会心理和伦理道德观念，与藏传佛教传入之后的情形完全不同。这些都成了蒙古史学家们取之不竭的宝藏。应该指出，符拉基米尔佐夫的《蒙古社会制度史》是试图开发这个宝藏的第一部成功的作品。

《秘史》的记载有它的独到之处。这里读到的成吉思汗，不是干枯刻板的史文堆砌，而是一个闭上眼睛就能想见到的活生生的人，成吉思汗幼年曾杀死异母弟别克帖儿，对胞弟哈撒儿的猜忌也很深，这些都是其他史书所不见的。巫师帖卜腾格里的故事，写出了当时萨满跋扈的情景。反抗蒙古贵族压迫的豁里秃马起义，也只有在《秘史》中才能见到事情的原委。诸如此类的例子是相当多的。

《秘史》在蒙古史研究上的很高的价值是举世公认的。可是，写《秘史》的毕竟是一些草原史家，他们没有受过中原封建史官那样严格的训练，没有封建史学家的先例可援。对他们来说，一切都是破天荒的。他们的作品在体例章法上不能不产生一些弱点。在草原环境中长大的作者们，无力驾驭纷乱的史实材料：年代上的错乱不止一二处；不同时期的同类事件裹在一起说，结果与史实有不小出入。史实愈复杂，他们这些弱点便表现得愈明显。难怪那珂通世在他的译注中不得不重新编排撒儿讨温远征的史文，纠正《秘史》的错乱。可以想见，除了一部分文字资料，如成吉思汗的某些圣旨、札撒、圣训的记录之外，大部分素材都是口述的。提供素材的口述者和记录、编纂的必阇赤不会是一个人。前者杂乱无章地讲述回忆起来的往事，后者把它记下来，再作整理。在这过程中，总难免有阴差阳错之处。《秘史》这部书不是一次修成的，经历过不止一次的修改和补充。于是史实记载上的舛误就成为必不可免的了。

《秘史》是成吉思汗及其继承人的纪传。汪罕、札木合等人物都是作为陪衬写进书里的。对这些人物的描述，任意性很大，他们都被写成平庸、畸形的丑角。其实事实远非如此。克烈汪罕是12世纪后半叶蒙古高原的一大霸主；札木合据有忽图剌汗的营地，大多数蒙古部众都在他的控制之下，是忽图剌汗之后蒙古部最强大的首领。成吉思汗依附汪罕多年，也曾依附札木合。草原史臣为了美化自己的主公，把这些重要人物写得可鄙可笑，以致失去了真实性。

《秘史》的这些缺陷并不足怪，这无非是各民族早期历史编纂中常见的现象。用《秘史》的这些缺陷来否定它的价值，既不公平，也不符合实际。

可以说，《秘史》是古蒙古语独一无二的典范文献，现存的蒙元时代唯一的长篇蒙古语作品。蒙元时期有一批篇幅较长的蒙文文献留传至今，如《孝经》《入菩提行经疏》《祖勒合尔乃词话》《忻都神道碑》《竹温台神道碑》《张应瑞先茔碑》等等，但多是翻译文字，语法和风格不能不带上非蒙古色彩。真正用蒙古语思维、用蒙古文撰写的，只有《秘史》。这部书保存了大量的古蒙古语词语。人们可以看到，有些古词现在已经死灭了，有些已经转义，古今词义并不一样。从书中还可以看到古蒙古语特有的语法现象，这些材料具有巨大的学术研究价值。《秘史》的汉字音写本有它独特的语文学价值，音写规则、用字规范十分严密。它的傍译也是宝贵的资料。如果没有傍译，《秘史》中的一些词语就会变成不可释读的死词。傍译有一套标示词法形式的特定用字，表示数、格、时制、语态、人称变位等语法形式，如"每"表示复数，"行"表示宾、与、夺等格，"着""了""来"表示现在时和过去时，"共""被"等表示共动、被动等语态。同样，如果没有这些傍译，对古蒙古语语法现象也很容易产生各式各样的误解。从傍译来看，《秘史》汉字音写本的译写者们的语言学素养，在14世纪末的历史条件下可以说达到了惊人的高水平。

  《秘史》是公认的蒙古文学经典作品。书中有大量的韵文，诗文并茂，语言和形象具有草原民族特有的韵味。的确可以这样说：《秘史》对有些事件和人物的描述，与其说是历史的记录，不如说是文学的创造。札木合的形象就是这样的，在具体的描述中，他的原本面目已经看不见多少，几乎全是《秘史》作者的塑造。汪罕被写得简直是个草原哈姆雷特：充满内心矛盾，既对成吉思汗感恩戴德，又在别人的怂恿下反对成吉思汗。这些都是歌颂成吉思汗、为成吉思汗背叛旧主辩护的一种笔法。也许，草原史家还自认为这正是他们的得意之作呢。

  文史不分，是各民族早期史书的共同特征，是这些民族思维发展程度的反映。对历史过程的看法，史家都有自己的倾向性，古今都是如此。但在抽象思维尚不发达的时代，褒贬常常通过直观的描述来表现。在某种意义上，《秘史》的文学描写是代替评论的，这也是这部书的一个特色。

在明代，《秘史》只是当作训练译员的教材，没有受到史学界足够的重视，只有《明一统志》《三才图会》等书引用过其中的片言只语。但是，《秘史》的研究，应当从汉字音写本开始算起，对畏吾体蒙古文原文作如此高水平的译写，这本身就是一个巨大的研究工程。清修四库全书，没有收《秘史》。但是一些学者仍然注意到了《秘史》。明末清初人孙承泽在他《元朝典故编年考》的第九卷中收录了《秘史》十二卷本续集两卷的总译，指出这是蒙古"本国人所编记者"，可以"补正史之所不载"。柯立夫认为，孙承泽这些话标志着批判地科学地评价《秘史》的开端。(柯立夫译《秘史》绪论)万光泰根据《秘史》的总译，写了一部《元秘史略》，上卷等于成吉思汗和窝阔台汗的本纪，下卷可以说是汪罕、札木合、哈撒儿、塔阳汗、蒙力克、者别、孛斡儿出等许多人的列传。总译被改写成浅显的文言文，其中不免发生一些理解上的错误。充分注意到《秘史》的巨大学术价值的是钱大昕，他不仅指出了《秘史》独特的史料价值，而且在清代学者中第一个提出了《秘史》可能就是脱必赤颜的问题。到1848年，张穆在"边筼簃丛书"中刊印了《秘史》的总译，当时的学者就是根据总译研究《秘史》的，19世纪的中国出现了一批《秘史》的研究者，诸如李文田、文廷式、阮惟和、施世杰、丁谦、高宝铨等人。

《秘史》流传到国外，也是19世纪的事。鲍乃迪的总译俄译本1866年在圣彼得堡出版。欧洲人认识《秘史》，也是先从总译的译文开始的。

到了20世纪，发生了一个巨大的转折：研究工作不再单纯依靠总译及其俄译文，而是直接利用蒙古语原文及其译本。《秘史》的研究蓬勃发展，很快变成了一个国际性的学术领域，八十多年来，问世的论著几乎不可胜数。不仅有各种专著和论文，而且有许多译本和音写本。

第一个全译本是1907年出版的那珂通世的日译本《成吉思汗实录》。那珂氏用流利的日本文言文译成此书，并且作了内容丰富的注释；考证功力之深，至今还保留着很高的学术价值。应当公正地说，这部巨作是日本蒙古学的奠基石。到20世纪40年代，海涅士的德译本和柯津的俄译本双双问世。1949年，土耳其学者阿赫梅德·铁米尔的土耳其语译本在安卡拉出版，这个译本尽管受到一些批评，但这是《秘史》的第一部突厥语译本。到了50年代，谢再善汉译本在北京出版，这是我国第一部汉语全译本。60年代初，姚从吾、扎奇斯钦在台北发表了汉译和注释。李盖提匈牙利文译本1962年在布达佩斯问世。到了70年代，日本出版了村上正二的三卷译注本，村上在注释中广泛搜集了各家研究成果，为读者提供了很大的方便。澳大利亚学者罗依果也在这时开始陆续发表英译本。1982年，柯立夫的英译本在美国出版。这部用近古英语写成的译本，附有一篇没有写完的学术性很浓的绪论。上述这些，都是有代表性的译本，还有一些或全或缺的日、英、汉译本，这里不遑一一述及。

可以说，拉丁音写是《秘史》复原的第一步，海涅士在20世纪30年代出版了拉丁音写本，这是一种初步的尝试，海氏对汉字读音把握得不甚准确，他的音写与汉字和蒙古语都有一定距离。1941年出版的柯津音写本，与海涅士的音写处在同一水平上，尽管分成汉字音写原文的拉丁音写和蒙古语音写两部分，也并无多少起色。1942年出版的白鸟库吉校注本有拉丁音写，比起前述两部来，白鸟的音写更得蒙古语要领。后附《秘史》前六卷法译文的伯希和音写本，1949年作为伯氏遗书发表。它开创了一个新的译写模式，1971年的李盖提音写本和1972年的罗依果《秘史》索引所附全文音写，都是在伯希和音写的基础上作某些改进而成的。

随着研究的发展，用蒙古文复原《秘史》的任务自然要提到日程上来。最初，不是用蒙古文复原，而是用蒙古文重译《秘史》，这里走过的是一段曲折的路程。还在1917年，呼伦贝尔人成德用蒙古文翻译了叶德辉本，在当时的条件下谈不上出版的可能。到20世纪40年代，都嘎尔扎布、梁翠轩、喀什克巴图、金永昌等或翻译改写，或仿制原文，出版了各自的书。不言而喻，这都是学术上很幼稚的作品。用现代蒙古语改写的《秘史》中，文字最好的是曾德·达姆丁苏隆的今译本，它不仅在蒙古人民共和国，而且在内蒙古都曾广为流传。进入80年代后，巴雅尔整理的《秘史》在呼和浩特问世。这部书并列汉字原文、国际音标注音、古式蒙古文、近代蒙古文四个部分。其中，古式蒙古文部分有许多值得商榷之处。巴雅尔整理的这部书中最有价值的部分是附于书后的注音字典，对《秘史》译音用的500多个汉字逐个列出《广韵》《集韵》《中原音韵》和《蒙古字韵》的反切和注音，并指出这些字在《秘史》中记写的蒙古语音。这对防止用今日汉语读音去念明初汉字，有很大好处。从1984年起小泽重男的大部头《元朝秘史全释》三卷和《元朝秘史全释续考》上卷在日本出版，这四册书包括了十二卷本的第一至七卷，小泽氏的书中有《秘史》汉字音写和傍译的原文、拉丁音写和日语傍译、日译文和详尽的语言学注解，附有畏吾体蒙古文复原，第一卷还有第1至第68节的八思巴字复原，每卷都有词汇表。这是个浩大的工程，可以说是《秘史》研究史中的一座碑石。我们衷心希望全书早日出齐。

除了译注和音写，八十多年来还有大量关于《秘史》的论著印行，涉及史学、文学、语言学、民俗学、军事学等各个方面。其中不乏饶有真知灼识的作品，我们在这里无法一一加以评述。

对《秘史》进行文献学的研究，始终是《秘史》研究的一个重要方面。那珂通世日译本的序论，就《秘史》的源流提出了系统看法。1934年，陈垣发表了《元秘史译音用字考》，论述了《秘史》的版本问题和用字特点。他指出，"耳治在先，目治在后"，《秘史》的汉字音写本的修纂在火源洁、马沙亦黑《华夷译语》之后。1951年，《哈佛亚洲学志》发表了洪业的《元朝秘史一书的流传》，这篇渊博精深的论文,把《秘史》的文献学研究推向一个新的水平。小林高四郎的专著《元朝秘史的研究》1954年在东京出版,这部书用大量的资料对《秘史》研究的历史作了系统的论述。此外,还有不少在文献学研究方面饶有成就的作品。这些论著,对人们理解《秘史》的源流有很大帮助。

《秘史》成书年代,一直是《秘史》文献研究方面的热门题目。在《秘史》书末,即第282节全文,是这样写的:"召开大忽里勒塔,在鼠儿年七月,在客鲁涟河阔迭额阿刺勒的朵罗安字勒答黑、失勒斤扯克两地之间驻扎行宫时修撰完了。"这里提到了时间、地点、事件三个条件:鼠儿年七月,在阔迭额阿刺勒(曲雕阿阑)之地,召开忽里台大会。对这个鼠儿年到底是哪一年的问题,众说纷纭,各持己见。

有1228年戊子说。首创此说的是丁谦,不过他没有做仔细的论证。植村清二、罗依果等人撰文提出了详细的理由。柯立夫英译《秘史》也在鼠儿年之后注1228年。植村、罗依果都认为第282节的位置原来不在现存《秘史》的末尾,而是在第268节之后。第269节中说:"鼠儿年,以察阿歹、巴秃为首的右翼诸王。斡赤斤那颜、也古、也孙格为首的左翼诸王,拖雷为首的中路诸王、公主、驸马、万户千户那颜们聚齐,在客鲁涟河阔迭兀阿刺勒一起开会,按着成吉思汗指名的圣旨,奉斡歌歹合罕为皇帝。"第282节中提到的鼠儿年、阔迭额阿刺勒、忽里台大会三个条件,在这里都已具备。在旷日持久的会议期间,写成了《秘史》第268节以前的部分。还有一条力证:罗藏丹津《黄金史》中抄录的《秘史》，只到第268节为止，这说明罗藏丹津手里的蒙古文《秘史》只有第268节以前的部分，也就是说，第1至268节原来自成一书，书后识鼠儿年(戊子)修竣。

有1240年庚子说。东方文献出版社十五卷本第282节有眉批："太宗十二年庚子也"，这大概是鲍廷博的看法。主张是1240年的人很多，有李文田、那珂通世、屠寄、海涅士、柯津、伯希和、达姆丁苏隆、铁米尔、帖乌哈、岩村忍、服部四郎、巴雅尔等人。这一说的主要依据是：《秘史》的记载包括了窝阔台在位时的主要史实，还有窝阔台对自己一生功过的评价，但未提1241年窝阔台之死，这说明鼠儿年正是1240年。这一说法看上去顺理成章，实际上遇到了不能解决的矛盾，1240年没有举行过忽里台，拔都、贵由、蒙哥等诸王都在钦察远征中出师未归，不可能有忽里台召开。《秘史》的记载包括了更晚的史实，如1257年札剌儿歹豁儿赤征高丽，主张1240年成书的学者把晚于这一年的记载都当作后来添加的个别增补。

还有1252年壬子说。格鲁塞在他《蒙古帝国》一书中认为，《秘史》突出了拖雷，暗示皇位将由窝阔台系转到拖雷系，这种写法只有在蒙哥当皇帝之后才可能。余大钧列举《秘史》中与史实不符的错误记载，证明只有在1252年成书，才能解释出现这么多错误是由于记忆混乱所造成的。至于1257年的史实，是后人掺入的。但是1252年说还是碰到不可解的矛盾。这一年并没有召开忽里台大会。至于记忆混乱，愈是往后可能就愈大。如果说突出拖雷，那么，在蒙哥之后即位的忽必烈也照样可以这样做。所以，这些理由不足以证明《秘史》成书必定在1252年。

又有1264年甲子说和1276年丙子说。洪业提出，第247节有"宣德府"，这个地方1262年之前称"宣德州"，1262年才升府。所以《秘史》应写在1264年甲子即至元元年以后。史料中没有甲子年开忽里台的记载，洪业便假设出一个可能的史实：与忽必烈争位的阿里不哥在漠北召开了忽里台，这期间写下《秘史》。姚从吾、扎奇斯钦又因第247节上有1276年才定名的"东昌"，提出成书年代应在1276年丙子以后。但是问题并不这样简单。金朝卫绍王为了防御蒙古高原部落，曾派完颜承晖在宣德建立行省，不能排除承晖行省时宣德称府的可能。与第247节相应的记载，《圣武亲征录》有"破宣德府"，《元史·太祖纪》有"克宣德府"，这不一定是后用前称。因为卫绍王一朝的"记注亡失，南迁后不复记载"(《金史》卷十三)，难于确定这时的宣德是府还是州。仅仅拿着《金史·地理志》和《元史·地理志》断言只能在1262年以后才有宣德府一称，是靠不住的。至于"东昌"一名，罗藏丹津《黄金史》《圣武亲征录》《金史》《元史》《史集》的相应记载都作"东京"，可以证明"昌"是"京"的讹写。讹文自然不能作断定成书年代的依据。

甚至还有1324年甲子说。1324年是泰定元年。冈田英弘认为《秘史》是泰定帝在漠北召开忽里台即位时修成的，泰定帝是1323年癸亥即位的，授时历八月英宗遇弑，泰定帝九月初四匆忙在漠北登基，十一月十三日赶到大都，一共六十九天。他急于当皇帝，没有时间在漠北开旷日持久的忽里台，更谈不上有闲心组织写书修史。1324年授时历七月，泰定帝身在上都，根本没有去漠北开忽里台。《元史·泰定纪》里，这月只有一条"以畏兀字译西蕃经"的记载，没有半点写史的消息。

应当如何确定鼠儿年的具体年份？鼠儿年与现存《秘史》的成书年代是不是一回事？

确定鼠儿年是哪一年，不能离开其他两项共生条件：在曲雕阿阑之地，召开忽里台大会。三个条件具备的，只有1228年戊子。第269节明确写着鼠儿年在曲雕阿阑开了忽里台，奉窝阔台为帝，所以，《秘史》第282节鼠儿年应该是1228年。

但是《秘史》的内容远远超出了1228年的时限。这就说明第282节上的鼠儿年并不是现存《秘史》的最后成书年代，它只是写成《秘史》最初的部分，甚至是这一部分的草稿的时间。后来经过不止一次的补充和修改，形成了现在的《秘史》。明翰林译员音写《秘史》之后，把原来附在最初部分后面的"鼠儿年撰写完了"一段文字，顺手置于全书的末尾。

《秘史》最初的部分，应当有孛儿帖赤那以来的22代祖谱，应当有成吉思汗的活动。大部分材料来自耆老们的口述。必阇赤们把这些资料记录下来，再去加工润色，把各种片断的回忆连接起来，分类归拢，同类事件尽量写在一起，写成一部书。这部皇家史乘，称为脱卜赤颜。在窝阔台汗时期或在他死后，又有一批耆老口述合罕皇帝的事迹，续修脱卜赤颜，并且对前朝脱卜赤颜又作了一些加工整理。于是被宋人说成牌子头的也速该被称为合罕，即位前的窝阔台偶尔也称作合罕。经一再整理、修改，文字可能变得眉目清楚了，但史实错误增多了。贵由汗以后，脱卜赤颜可能辍修。1288年，史臣进读祖宗实录，忽必烈说："太宗事则然，睿宗少有可易者，定宗固日不暇给，宪宗汝独不能忆之耶？"可见贵由汗、蒙哥汗的事迹已经没有文字脱卜赤颜可凭了。

可以把元朝建立之前草原史臣写的脱卜赤颜称为早期脱卜赤颜。无法说现行《秘史》是否就是早期脱卜赤颜的全部。我们不知道明人手中的早期脱卜赤颜是全是残，有无短缺。况且《秘史》是用来作蒙古语教材的，只要明人认为用于教学的材料已经足够，便可以不再继续音写。但还是可以说，即使有尚未音写的部分，也是所剩无几，不会太多。

《秘史》的刻本分正集十卷和续集两卷。有的学者认为正、续集之分反映修史的前后两次。其实，不如说这是反映教材编印的先后之序，与原书无关。《永乐大典》可以不分正续集，改分为十五卷。从罗藏丹津《黄金史》看，原书在正集续集之间并无分䅟的痕迹。

早期的脱卜赤颜可能没有什么固定的书名。我们不能用现代规格要求草原史家，要求他们做到书必有题。如果有，最可能的是称为阿勒坦·脱卜赤颜(黄金国史)。当时的蒙古汗廷已经把黄金同皇家联系起来，黄金家族、黄金生命、黄金门槛、黄金缆绳等等都是皇家御用的专词。明代蒙古史书不止一部称《黄金史》，大概就是沿袭了古老的传统。从海涅士到洪业，都曾怀疑"元朝秘史"是不是原来的书名。研究的最后结论是：现行书名《元朝秘史》是明人加上去的，这四字又被返译成蒙古文，Mongqol-un Nihuca Tobciyan。这种主张为许多学者所接受。但是许多学者又把第1节的Cinggis Qahan-u HuJahur(成吉思汗的家世)当成原书的标题，至少是成吉思汗事迹部分的标题。应该说，这是个误会，"成吉思汗的家世"相当于第1至68节的文字，历数传说祖先以来的22代家谱，不牵涉更多的内容。这一部分记载，入元之后被改造成《十祖世系录》。《十祖世系录》虽已不存，但可以从《元史·宗室世系表》《南村辍耕录》"大元宗室世系"条看到它的影子。《十祖世系录》与《成吉思汗的家世》是同一性质的书，只是到了元朝，文明化了的元廷不再承认狼鹿开头的22代先祖传说，只从朵奔之妻阿阑果火起算皇家世谱。

入元之后，忽必烈要求按照中原封建史书的义例修国史。从13世纪70年代起，开始为成吉思汗以来的大汗修实录。旧藏的蒙古文脱卜赤颜成了一项重要的原始资料，草原史家的记载要经过翰林国史院史官的核对检验。错乱的年代和事件顺序被纠正过来，经不住考证的传闻或细琐小事被删去，又用中原资料作补充，修成了《太祖实录》《太宗实录》的初稿。这部初稿可能就是《圣武亲征录》或与此相仿的稿本。初稿又被译成蒙古文，用金字书写，颁发给宗藩，称为《金册》。剌失丁修《史集》，成吉思汗纪就是在《金册》基础上写成的。实录初稿再经修改，14世纪初才成为定本。所以，《秘史》是《圣武亲征录》《史集》相关部分以及《元史·太祖纪》的重要史源。

在文献研究过程中，还出现过对《秘史》作者的种种猜测。金井保三曾以为作者是塔塔统阿，海涅士以为应该是失吉忽都忽。这些毕竟都是无可证明的假设。近年来巴雅尔又提出《秘史》作者是镇海、怯烈哥、薛彻兀儿等《元史》上提到过的必阇赤。这等于说，任何识字的必阇赤都可能是《秘史》的作者。企图找出《秘史》的作者是徒劳无功的，因为没有任何史料线索。《秘史》不是一次修成的，所以不可能只有一个作者。当时畏吾人当必阇赤的很多，执笔人未必非是蒙古人不可。《秘史》是由一批耆老们回忆和口述，必阇赤们记录、整理加工的产物。当时的蒙古人，文化还没有发展到由一个人独自撰史的水平。

《秘史》是用畏吾体蒙古文写成的，汉字音写是明人做的，现在学界对此已无异议。当年服部四郎曾提出八思巴字原文说，因为《秘史》的汉字音写在某些方面很像八思巴字读音。只要看一看旁注蒙古字的《华夷译语》稿本就明白，明四夷馆的音写并不拘泥于蒙古文的书写形式。相反，明人的音写，与八思巴字所代表的元代蒙古语标准语音有许多相背之处。现在已经没有人相信原文是八思巴字了。柯津提出过"汉字体蒙古文"之说，他认为汉字音写是13世纪借汉字书写的一种蒙古文，这当然是无稽之谈。近年巴雅尔提出汉字音写是元仁宗时察罕的作品，是供不会蒙古文的蒙古皇帝看的。察罕曾经奉旨从蒙古文汉译成吉思汗事迹，题《圣武开天记》，但没有任何史料说明他曾用汉字音写蒙古语。巴雅尔把汉译和汉字音写混为一谈，实际上重复着"汉字体蒙古文"之说。

就《秘史》文献学的几个主要问题，可以这样说：

——《秘史》成书年代问题是个不会有结果的问题，因为这部书不是一次修成的。鼠儿年，即1228年戊子，只是写成第1~268节的初稿的时间。

——《秘史》是《圣武亲征录》《金册》《史集》成吉思汗纪的重要史源。

——《秘史》不是一个人撰写的，企图发现《秘史》作者是徒劳之举。

——《秘史》的原文是畏吾体蒙古文，汉字音写是明人所为，这一点无可怀疑。《秘史》的复原，就是把汉字音写的蒙古语还原成畏吾体蒙古文。